高校大学生心理健康教育问题及创新路径研究

曹永勇 著

中国纺织出版社有限公司

图书在版编目（CIP）数据

高校大学生心理健康教育问题及创新路径研究 / 曹
永勇著 . -- 北京：中国纺织出版社有限公司，2025. 2.
ISBN 978-7-5229-2491-5

Ⅰ. G444

中国国家版本馆 CIP 数据核字第 202596Q0T9 号

责任编辑：郭　婷　周　航　　　　责任校对：王蕙莹
责任印制：储志伟

中国纺织出版社有限公司出版发行
地址：北京市朝阳区百子湾东里A407号楼　邮政编码：100124
销售电话：010—67004422　传真：010—87155801
http://www.c-textilep.com
中国纺织出版社天猫旗舰店
官方微博 http://weibo.com/2119887771
河北延风印务有限公司印刷　各地新华书店经销
2025年2月第1版第1次印刷
开本：710×1000　1/16　印张：13.75
字数：190千字　定价：88.00元

作者简介

曹永勇，男，汉族，1984 年 12 月生，山东枣庄人，硕士，讲师，主要研究方向为思想政治教育，就职于杭州师范大学。

科研项目：

1.《新时代大学生劳动教育实践课程体系构建研究》，浙江省高等教育学会高等教育研究课题（课题编号：KT2023405）

2.《产教融合背景下高校思政多元育人创新模式探究》，教育部 2023 年供需对接就业育人项目（项目编号：20230112346）

3.《人工智能化背景下本科高校思政教学改革育人模式创新研究》，教育部 2024 年产学合作协同育人项目（项目编号：230906030203637）

科研论文：

1.《当代大学生入党动机及教育培养研究》，《青年与社会》，ISSN1006-9682 CN53-1037/C，2014 年 3 月中

2.《当代艺术类大学生的思想政治教育研究》，《时代教育》，ISSN1672-8181 CN51-1677/G4，2014 年第 4 期

其他奖励：

1. 第二届浙江省"互联网 +"大学生创新创业大赛金奖项目《彩虹课堂微公益计划》指导教师；

2. "创青春"浙江省第十一届大学生创业大赛银奖项目《彩虹课堂微公益计划》指导教师；

3.第二届浙江省"互联网+"大学生创新创业大赛铜奖项目《杭州御光文化传媒有限公司》指导教师；

4.全国大学素质教育优秀品牌活动铜牌项目《杭州师范大学彩虹课堂》成员；

5.《一个普通大三学生的迷茫》获评浙江省高校职业生涯规划教育案例优胜奖；

6.2011年被评为第八届全国残疾人运动会志愿服务先进工作者；

7.2018年被评为浙江省优秀教师暨浙江省高校优秀辅导员；

8.2019年被评为全国大中专学生志愿者暑期"三下乡"社会实践活动优秀个人；

9.2024年被评为杭州亚运会、亚残运会浙江省先进个人。

在当今社会，高等教育机构承载着塑造国家未来领导者和专业人才的使命，在这其中，大学生的心理健康教育已逐渐成为高等教育体系中的核心组成部分。处于人生关键发展阶段的大学生，其心理健康状况不仅关乎个人学业的成功和职业道路的顺畅，更与社会的和谐与稳定息息相关。面对日益激烈的社会竞争和不断增长的个性化心理需求，大学生群体正遭遇着前所未有的心理挑战。因此，探索如何高效地实施心理健康教育，增强大学生的心理韧性，已经成为高等教育工作者和社会各界共同关注的热点问题。

本书全面剖析了大学生心理健康教育的深层次结构，致力于为高等教育领域提供坚实的理论支撑与实用的实践方法。从大学生心理健康教育的基础认知出发，书中系统阐述了其内涵特征以及覆盖内容，并对教育方式的演变和未来趋势进行了深入分析。随后介绍了大学生在学习动机、人际交往、情绪调节、网络心理等关键领域的心理动态，并有针对性地提出了有效的心理调适技巧和能力提升方案。接着进一步阐释了心理咨询与治疗的科学原理、实施策略和操作流程，同时融入了积极心理学的理念，以期构建一种更为积极、主动的教育模式。最后，书中对生命化教育在大学生心理健康教育中的应用进行了深入探讨，分析了生命意识教育面临的挑战，并提出了创新的心理健康教育体系构建和实践策略。本书致力于向高校心理健康教育工作者提供全面的理论支撑和实用的操作指南，助力大学生心理健康的全面提升和个体的全面成长。

由于笔者水平和经验有限，书中出现不当之处在所难免，恳切希望广大读者和各位专家予以批评指正，以便今后进一步修改和完善。本书参考了一些同领域专家学者的研究成果，在此衷心地向他们的辛勤劳动表示感谢。

曹永勇

目录
Contents

第一章
高校大学生心理健康教育的基础认知

第一节　大学生心理健康教育的内涵与特征

一、中国大学生心理健康教育发展的内涵

发展是当今时代的核心主题，它象征着从现状到更高阶段的跃进。从本质上来讲，发展描绘了事物从初级到高级，从简单到复杂的演变过程。具体到中国大学生心理健康教育，这一概念显得尤为重要。心理健康教育不仅是一种传统的社会活动，更是一个与时俱进并不断创新的进步过程。这种发展体现在几个关键方面：

首先，发展是一种动态的过程，它不仅涉及事物的规模扩大，更重要的是质的飞跃，从低级到高级的转变。心理健康教育的目标、内容、方法等方面随着社会的发展而演化，逐步形成与现代社会需求相匹配的教育体系。

并且，真正的发展应当是全面和协调的。这意味着心理健康教育不仅要关注广度，还要注重深度和质量。与时俱进是指根据现代社会的特点及大学生的实际需要进行教育内容的更新和方法的改革。改革创新则是根据新的社会现象和大学生的心理需求不断探索新的教育模式。

从历史的维度来看，中国高校的心理健康教育经历了从无到有，从简单到复杂的发展历程。这一历程中，教育目标和方法的变革映射了不同历史阶段的社会需求和教育理念的演进。

从性质上讲，心理健康教育的发展是一个质的飞跃，是从传统向现代的转变，不断地完善和优化，以适应日益增长的社会和个人需求。现代社会的发展不仅提出了高质量的心理健康教育服务的需求，同时也带来了挑战，要求教育者不断地更新观念和提升服务质量，以实现教育的实效性和社会价值。

中国社会学家郑杭生先生认为，目前世界上"发展的困境"存在两种状态：一是很想发展，但发展不起来，或叫发展失败；二是发展起来了，但发展结果与预定目标相背离，或者叫部分发展。❶ 目前中国大学生心理健康教育发展应属于第二种情况。在社会各界人士的关注、努力与支持下，中国大学生心理健康教育从无到有、从冷到热、从自发到自觉，取得了快速发展与质的飞跃，但与大学生心理健康教育的本质诉求、预定目标及当前国际心理健康教育整体水平，还存在着寻求进一步发展的现实需要和发展空间。

大学生心理健康教育的发展是一项涉及多方面领域和要素的系统工程。根据唯物辩证法，任何事物的发展都是系统各组成部分相互作用、相互制约的过程。在这个过程中，系统的整体性和各要素之间的和谐是很重要的。对于大学生心理健康教育来说，它涉及教育理念、教育目标、教育内容、教育方式、教育功能及教育原则等多个层面。这些要素在系统的发展中不但相互联系、互为因果，而且共同影响着心理健康教育系统的整体功能和发展状态。

例如，随着中国科技的快速发展，教育手段的现代化已成为推动大学生心理健康教育有效发展的关键条件。然而，若仅侧重手段的现代化而忽

---

❶ 郑杭生. 警惕"类发展困境"——社会学视野下我国社会稳定面临的新形势［J］. 理论参考，2004.

视教育理念、内容和模式的同步更新，将导致教育发展停滞不前，仅仅实现了表面的改变，而非质的飞跃。

因此，大学生心理健康教育的发展应是一个多要素协调发展的过程，包括：教育理念的更新，从以问题为中心转向以人为本；教育内容的转变，从单纯的防治到重视心理适应与潜能开发；教育模式的演变，从传统的医学模式转向以发展为导向的心理健康教育；教育领域的拓展，从专门的心理问题辅导到包含生命教育、休闲引导与生涯规划等；教育功能的提升，从解决问题到促进学生的全面自由发展；教育方法的革新，结合显性与隐性教育，实现教育手段的现代化；以及教育队伍的专业化，从以兼职为主向专职为主转变，实现专兼结合的队伍配置。

全面考虑大学生心理健康教育的发展现状，虽然各要素同步提升存在着一定挑战，但通过系统内部分要素的领先发展来带动整体的进步，是一种有效的策略。本书将从大学生心理健康教育的发展内容和趋势两大方面深入探讨这一主题，包括教育理念、内容、方式的发展，以及教育的专业化、本土化和综合化发展趋向，以期为这一领域提供新的视角和深入的分析。

二、大学生心理健康教育发展的特征

（一）稳定性与时代性的统一发展

唯物辩证法认为，矛盾是一切事物存在的根本表现，是事物发展的根本原因。在高校心理健康教育发展的过程中，始终存在着两种力量：一是维持系统稳定的力量，二是改革创新、发展变化的力量。这两种力量经常处于抗衡与摩擦之中。承认心理健康教育的发展性，就是承认其变化性，发展、变化是绝对的，而一些教育内容、教育规律、教育方式一经形成便具有相对的稳定性。心理健康教育发展变化往往与时代有着密切关联，因

而心理健康教育发展的背后即是鲜明的时代色彩。❶

大学生心理健康教育的发展是一个深刻的历史过程，它不仅是在历史长河中形成和延续下来的，更是文化传承和创新的体现。中国的心理健康教育深植于丰富的传统文化土壤中，自古以来，众多学派如儒家、道家等，都孕育了独特的心理学思想。如孔子提倡的"君子"人格理念，孟子关于内心情感的理解，以及老子和庄子对于理想人格的描述，都是中国传统文化中的精髓，对现代心理健康教育提供了深刻的洞见和启示。

同时，心理健康教育的发展也是一个不断创新的过程。随着社会的演进，新的社会现象和问题不断涌现，心理健康教育必须根据时代的需求调整教育理念、内容和方法，以适应不断变化的社会条件。这种创新不仅是对传统理念的延续，更是对教育实践的深化和扩展，使心理健康教育能够更有效地应对现代社会的挑战。

中国高校心理健康教育在继承和借鉴传统心理学及已有教育理论的基础上，不断进行创新。继承是发展的基础，它使得教育实践不会偏离历史和文化的轨迹；而创新则是发展的动力，它为心理健康教育注入了新的活力和生机，保证了教育内容与时俱进，满足现代社会的需求。

因此，中国高校心理健康教育的发展既是对传统的尊重和继承，又是对创新的追求和实践。这种双重发展策略形成了一个稳定而富有时代特色的教育系统，有效地促进了学生的全面健康发展，并为他们提供了应对现代生活挑战的心理工具。

（二）合规律性与合目的性的统一发展

心理健康教育的发展是一个遵循特定教育和发展规律的过程，这些规律揭示了事物发展的内在机制和路径。作为一种系统的教育活动，心理健康教育不仅反映了这些普遍的教育规律，还展现了其独有的发展特征。首先，根据对立统一规律，心理健康教育中存在的矛盾是其发展的根本动

---

❶ 卢爱新. 论我国高校心理健康教育的发展特征 [J]. 教育与职业，2009（6）：93-95.

力。随着社会和教育需求的变化，这些矛盾——如理论与实践、传统与创新的矛盾——不断显现，并通过斗争和解决推动教育体系的进步。这种动态的对立和统一不仅促进了心理健康教育的持续改进，还为其发展提供了持续的动力。其次，质量互变规律在心理健康教育中同样适用。这一规律表明，教育的发展经历从量变到质变的过程，即通过不断积累（如知识的增加、方法的改进、资源的扩展）来达到质的飞跃（如教育模式的根本变革、教育成效的显著提升）。这种从渐进到飞跃的过程是心理健康教育发展的典型特征。最后，否定之否定规律在心理健康教育的发展中体现为螺旋上升的过程。在这一过程中，旧的教育模式和理念被新的理念所取代，之后这些新的理念又在实践中得到检验和完善，推动心理健康教育向更高层次发展。

心理健康教育发展的合目的性表明，作为人的一种社会活动，中国高校心理健康教育在其发展过程中必然呈现出一定的目标指向性或价值取向性。人区别于动物的根本特征，是人具有主观能动性，这种主观能动性就是人的活动的目的性。人的这种能动性特点，决定人在活动中必定受一定的思想、意识所支配。"世界不会满足人，人决心以自己的行动来改变世界。"❶ 人的行动总是受一定目的的支配。那么，作为一种特定社会行为的心理健康教育活动，必然是在一定科学目标指引下的发展。作为一种教育实践，心理健康教育与人改造自然实践的区别在于它是人改造人的一种实践活动，人向一定方向和状态的发展变化是活动的最终目的。那么，在这一教育活动中，体现得更多的是人的主动性，即对教育理念、教育内容、研究手段的自主选择，而这种自主选择也更多地取决于人的价值观念与目的性。此外，发展的合目的性还体现在心理健康教育发展的过程中，对教育科学性的追求是合目的性的。随着中国现代科学技术的发展，中国教育现代化价值取向明显，教育现代化的价值取向不仅表现在教育手段和教育方

---

❶ 卢爱新.论我国高校心理健康教育的发展特征［J］.教育与职业，2009（6）：93-95.

式的现代化，更主要的是还体现在教育目的的现代化，即科技发展的为人性。因为科学的教育活动和研究发展是从为人的角度出发，心理健康教育的发展更是为了使社会和人得到更好的发展。

教育发展的合规律性是其科学性的展现。科学的发展观就是尊重客观规律的发展观。任何事物都存在不以人的意志为转移的客观规律，人们只有尊重规律、认识规律、把握规律，才能最大限度地发展人的能动性和创造性。没有科学的合规律性的发展，教育发展的目的性就难以正常实现。而合目的性又是心理健康教育发展的具体方向，是实践活动中人们能动性的具体展现。没有明确的发展目的，心理健康教育就失去了其存在、发展的实际价值。因此，心理健康教育发展是合规律性与合目的性的统一。❶

（三）内涵与外延结合的发展

心理健康教育的发展在高校中体现为内涵发展与外延发展两种形式，这两者相辅相成，共同推动教育体系的进步与完善。

内涵发展关注于心理健康教育的本质、特性及内部结构的优化。在这一过程中，教育理念、目标、内容、方法和功能都在不断地进行调整与改革，以适应社会与学生发展的需求。例如，传统上以问题为本的教育理念已逐渐转变为以人为本的理念，更注重促进学生的潜能开发和全面成长。这种理念的转变不仅提高了教育的质量，还增强了教育的实效，使之能更好地满足当代社会的需求。

外延发展则主要表现在心理健康教育领域的拓展上。随着社会的发展，心理健康教育已从单一的心理问题治疗与咨询扩展到生命教育、职业规划、休闲生活指导等多个方面。这种拓展不仅增加了心理健康教育的应用领域，还使其更贴近学生的实际生活和心理需求。同时，心理健康教育的外延发展也涉及到与社会政治、经济、人文、科技等领域的交叉融合，使心理健康教育的功能与价值在更广阔的社会领域得以体现。

---

❶ 卢爱新.论我国高校心理健康教育的发展特征［J］.教育与职业，2009（6）：93-95.

这种内涵与外延的发展是互相依存的。内涵发展为外延发展提供了坚实的理论和实践基础，使心理健康教育在拓展新领域时的深度和效果得到提升；而外延发展则为内涵发展提供了更广阔的实践平台和应用空间，促使心理健康教育能够不断地实验新理念、新方法，并将其整合到教育实践中。只有实现了内涵与外延发展的有机统一，高校心理健康教育才能真正地满足时代的需求，为构建和谐社会贡献力量。

第二节　大学生心理健康教育的覆盖内容

一、网络环境下的大学生心理健康教育

（一）网络环境下大学生心理健康现状

网络是大学生进行学习、科研、娱乐和社交的重要手段，大学生通过网络了解外部世界。大学阶段正是大学生世界观、人生观和价值观形成的重要阶段，大学生的心理容易受到网络中各种复杂信息的影响，通过实际调查，大学生的心理状况主要表现在以下几个方面。

1. 盲目好奇

大学生正处在心理发展的关键阶段，他们对外部世界抱有浓厚的兴趣和探索欲。但由于经验和见识的限制，这个群体特别容易受到周遭环境的影响。在当今信息技术高速发展的背景下，互联网已经成为大学生了解世界的主要渠道。大学生们通常带着强烈的好奇心在复杂的网络环境中寻找新知，然而网络上泛滥的不良信息可能会对他们造成负面影响。因为大学生还未完全具备甄别复杂信息的能力，易在接触新事物的过程中受到不良内容的误导。这一点意味着，加强对大学生信息识别能力的培养是非常必要的，以帮助他们能够健康、理性地接纳和处理信息。

2. 感情空虚

在当今快节奏的社会中，人与人之间的直接交流逐渐减少，许多大学生从自己依赖的家庭环境转向独立的校园生活，面临着适应新环境的挑战。这种转变可能导致他们在人际交往中感到不安和无助，尤其对于那些过分依赖父母、缺乏交往技能的学生更是如此。因此，互联网作为一个无限的虚拟空间，成为他们寻求情感支持和慰藉的途径。在这个数字世界中，他们可以表达自我、建立虚拟友谊，并在一定程度上满足他们对情感交流的需求。然而，这种依赖网络的趋势有时会演变成过度沉迷，影响他们的现实生活和学业。这种情况突显了现代高校在心理健康教育和人际交往技能培养方面的重要性，高校应帮助学生平衡虚拟与现实世界，以促进其全面、健康发展。

3. 自卑心理

大学生的家庭背景各不相同，其中不少来自低收入家庭的学生在校园中可能会感到自卑，这种情绪有时会导致他们在社交活动中表现出回避和内向的态度，更倾向于独自一人。互联网为这些学生提供了一个无人评判、不受现实身份限制的空间，使他们能够自由表达自己的感受和思想，获得一种心理上的释放和安慰。在这个虚拟世界中，他们可以建立起自信，享受平等交流的体验，这对于缓解他们的自卑感和社交焦虑具有积极的作用。然而，这也意味着，高校需要在心理健康支持和社交技能培养方面做更多工作，以帮助这些学生在现实生活中建立自信，形成健康的人际关系网络。

4. 冒险心理

近年来，网络游戏行业的快速发展带来了监管上的挑战，一些含有不良内容的游戏未受到有效约束，吸引了大量大学生。许多学生在虚拟世界中寻求刺激和逃避现实的体验，结果很容易陷入过度沉迷的状态。这种沉迷不仅分散了学生的注意力，还可能对他们的学业成绩和日常生活造成负面影响。这一现象突显了对网络游戏行业更严格的监管以及高校内部对于健康游戏习惯教育的迫切需求。高校应该提供更多关于时间管理和自我控制的指导，帮助学生平衡游戏娱乐和学习生活。

5. 浮躁心理

当今社会中，浮躁成为了一种普遍现象，许多人梦想一夜暴富或一夜成名。在这样的背景下，成为网红似乎成了许多人都追求的快速通道。受到这种文化影响，不少大学生开始向往通过更轻松的方式来迅速赚钱和享受生活。然而，现实生活从不会赠予无端的回报，背后总是伴随着辛勤的努力和不懈的奋斗。

这种现象提醒我们，需要在大学教育中强化对价值观和职业道德的培养，帮助学生树立正确的成功观和劳动观。教育不仅要让学生认识到，真正的成就来自持续的努力和不断的积累，还应该鼓励他们珍惜过程、重视个人成长。通过这种方式，大学生可以更健康地看待成功，学会在追求梦想的同时，坚持自己的道德原则和职业操守。

（二）加强大学生网络心理素质的培养

大学生网络沉迷现象是心理原因所致，对大学生在网络中所产生的心理负面效应应当采用指导疏通的方法，加强对大学生心理上的指导。

1. 加强网络认知教育

许多大学生初次接触互联网时充满好奇心，希望通过网络来发展自我。然而，部分学生由于对网络环境缺乏全面了解，加上未能有效辨识和利用海量的网络信息，并且自己意志力不坚定、自我约束力较弱，往往在不知不觉中陷入网络的诱惑。因此，教育工作者首先需要在认知层面上，引导学生正确理解网络的本质和作用，教会他们恰当地利用网络资源，正确地鉴别信息，并自觉抵制不良信息的影响。同时，还应强化学生的自我约束能力，教导他们遵守网络道德和法规，成为遵纪守法的文明网民。通过这种方式，可以有效地增强学生的认知驱动力，帮助他们建立健康的网络使用习惯，促进其全面而积极地成长。

2. 培养网络自我教育的能力

随着网络时代的兴起，现代教育已经从过去的被动灌输转变为以主动学习、自主选择为核心的教育模式。在这种环境中，互联网虽然为学生提供了丰富的信息和广阔的视野，但同时也带来了信息质量参差不齐和文化侵蚀等问题。大量的不良信息需要学生具备更高的辨识和自控能力，以应对教育模式的变化和复杂的信息环境。

在这种背景下，我们既要信任现代大学生的思想觉悟和自主选择的能力，也需认识到自我教育并非是无引导的自由教育。因此，教育工作者应积极进入网络空间，为学生的自我教育过程提供必要的指导和支持。通过这种方式，可以帮助学生正确筛选信息，培养其批判性思维，增强其自主学习和自我约束的能力，使学生在充满挑战的网络环境中健康成长。

3. 重视网络时代大学生闲暇生活教育

如果把人的生活放在时间维度予以考察，大致可分为三个部分：生理时间、学习工作时间和闲暇时间。闲暇时间是个人身心放松、陶冶情操、开阔视野、丰富生活且按自己意愿所支配的自由时间。闲暇生活是每个人生活中重要的组成部分，是促进个人身心健康、提高生活质量的必不可少的因素。许多相关调查研究表明，当代大学生的闲暇生活已主要被网络空间所占据。如一项来自湖南五所高校的调查统计显示：大学生上网主要是利用课余闲暇时间，占全部上网时间的51.47%，而利用自习和上课时间上网的比例很低，分别为3.43%和2.61%。在上网的动机和内容方面，综合性和娱乐性网站深受学生欢迎，分别占上网类型总数的58.7%和16.7%，而教育网站只占了8.9%，其他的网站占2.9%。❶学生上网的主要目的是聊天、玩游戏和收发邮件，下载软件和学习知识只占很小的比例，这说明在大学生网民中，大部分并不是因为学习的需要而接触网络，网络是当代大学生课余闲暇时间内的一种主要的娱乐休闲方式。大学生沉迷网络，一方面是由于网络本身的诱惑与吸引，另一方面也与其闲暇时间没有充实而丰富的安排相关。一些大学生网络行为失控的根本原因在于其个人发展空间狭小，受到桎梏，如果大学生不能在学业中获得自我肯定，

---

❶ 李红革. 当代大学生的网络行为与意识分析——来自湖南五所高校的统计调查报告 [J]. 湘潭师范学院学报：社会科学版，2002（4）：133-136.

就必然倾向于从体育、文艺、社会活动、业余文化等闲暇活动中寻求充实和愉悦，否则他们就会沉醉于虚拟空间获得的成功、自信、尊重、满足而不能自拔。积极的闲暇生活给大学生带来的不仅是当时的感官享受和精神享受，还能在劳逸结合、张弛有度、身心愉悦中为他们未来的发展打下坚实的基础。而消极无序的闲暇生活则影响个人身心健康发展，甚至导致个人的消沉、堕落甚至犯罪。随着大学生自主性的增强、自由空间的增多，网络时代大学生闲暇生活教育是促进大学生健康成长不容忽视的环节。

二、大学生生命教育探究

（一）对大学生生命教育的思考

自 20 世纪中叶以来，生命教育在全球范围内逐渐流行并显示出其重要性。随着科技的飞速发展和人类社会的进步，物质与精神生活水平显著提高，人类对自然的征服能力也得到增强。然而，这一进步带来的是一系列新的挑战，包括哲学领域的不确定性增加和物质主义的泛滥，这些因素使得许多人对未来感到迷茫和无所适从。因此，越来越多的人开始意识到生命教育的重要性，以期促进人类对生命价值和意义的深刻理解和尊重，反映了人类面对生命威胁和侵蚀时的深刻反思。

在中国，大学生生命教育的提出背后有其深刻的时代背景。近年来，随着科技进步、经济发展和社会体制的转型，大学生们面临着前所未有的发展机遇。同时，他们也面临着激烈的竞争、巨大的压力、复杂的社会冲突和深刻的生命困惑。社会价值观的多元化、思想观念的变革、就业竞争的激烈以及生活方式的改变都对大学生造成了巨大的心理压力。许多学生难以适应这些快速的社会变革，也难以在传统文化中找到行为指导和规范。在全球范围内盛行的后现代文化主张对所有事物的本质、规则和意义进行解构，进一步加剧了大学生的迷茫和焦虑。因此，不少大学生感到彷徨、无奈和消沉，生活里充满了挑战和困惑。

在这样的背景下，生命教育成为帮助大学生理解和应对生命困境的关键工具，这不但能够帮助他们找到生活的意义和目标，而且还能够鼓励他们积极面对生活中的各种挑战和困难。

（二）生命在意义中安居

1. 对生命意义的关注源于大学生意义缺失的现实

曾有媒体进行过一项高校流行语调查，"郁闷"一词以55%的得票率高居榜首。大一学生因为"现实中的大学与想象中的象牙塔不一样"而郁闷，大二学生因为"敏感的校园人际关系"而郁闷，大三和大四学生则开始因为"考研、就业与恋爱带来的一系列问题"而郁闷。

大学生感到郁闷这一现象往往反映出他们对生活缺乏意义感以及感到内心空虚。在现代社会中，加快的生活节奏、激烈的竞争和不断增加的压力让许多大学生感觉难以把握自我和生活的方向。他们常常陷入空虚、无聊、困惑、迷茫和浮躁的情绪泥潭。他们内心渴望充实和目标，却往往不清楚自己究竟渴望什么；表面看似忙碌，实则不知所忙；感到内心空虚，却又找不到充实内心的途径。这种对生活的消极感受，如果发展到极端情况，可能会演变成对生命本身的否定。

这种情况突显了大学生生活指导和心理健康教育的重要性。高校和教育工作者需要通过提供心理咨询、生活指导和职业规划等服务，来帮助学生构建生活的意义，学习如何设定并追求个人目标，以及如何有效地管理自己的情绪和压力。通过这些措施，可以帮助学生找到生活的方向和动力，避免情绪的消极螺旋，促进大学生的整体幸福感和生活满意度。

2. 人类生命的三重维度

生命是一个有机联系的复合体。对于"万物之灵"的人来说，人类生命分为物质生命、社会生命和精神生命三重维度。

（1）物质生命：生命首先是一个自然赋予的物质存在，即自然的生理性的肉体生命。虽然物质生命的存在是人与动物所共有的，但物质生命仍然是人类得以存在发展的首要物质前提和基础，脱离了物质生命，人类就失去了生命得以存在展现的物质载体。当代社会，许多人表现出对物质享受的过度追求与摄取，这其实也是人之物质生命的极端表现。

（2）社会生命：人总是处于一定的社会关系中，并承担一定的社会角色和责任。正如马克思所指出的，"人的本质并不是单个人所固有的抽象物，在其现实性上它是一切社会关系的总和。"人的社会生命意味着人有着对社会权势的渴望、对社会地位的关注、对社会关系的重视、对社会期望的回应；也意味着人所必然承担的社会责任、社会义务、社会道德、社会规范、社会良心。社会生命对人的物质生命和精神生命具有某种决定和制约作用，它决定着人们生物本能的冲动和释放，制约着人们精神生命的自由和有序。

（3）精神生命：马克思指出："人是有意识的存在物"，具有精神生命。"有意识的生命活动把人同动物的生命活动直接区别开来。"精神生命的存在使人超越了动物的本能，从而获得人性的自由和尊严。针对个体的精神表现，英国哲学家罗素（Russell）有过这样的解释："精神——常识可以这样讲——是由做出或遇到各种不同事情的人们身上表现出来的。从认识或知觉方面讲，他们有知觉、回忆、想象、抽象和推理的活动；从心理情绪方面讲，他们有快乐的感觉和痛苦的感觉，他们还有情意和欲望；从意愿方面讲，他们可照自己的意愿去做一件事情或不做一件事。所有这些表象都可以划入'精神'的事件范围之内。"❶ 可见，人的精神生命是一个相对于物质生命和社会生命而言，表现于主观意识层面的理性的认知、丰富的情感及坚决的意志追求。正因为人们精神生命的存在，人们才会超越尘世的繁杂而执着于生命意义的思考和追问，才能在精神富足、生命自由的向往追求中感受快乐和满足，才能在精神守望与理想追寻中固守坚韧与恒久。法国哲学家爱尔维修（Helvétius）在《论精神》中指出，人的精神世界发展如何，是人的发展水平高低的主要标志，人与人之间之所以存在差别，主要是由于精神发展不等。作为精神生命的存在，人的存在总是为了一个至少在当下是值得存在的理由。而且，人能够超越当下的存在而追求更理想的存在，如对美好未来的憧憬、对个人发展的向往、对人生磨难的抗拒、对生命意义的追寻。人是精神的存在，人性区别于动物性的全

❶ 吕梦媛.美育：回归感性［J］.哲学进展，2024，13（1）：187-191.

部高贵就在于人的生命具有高于生命的意义和目的。如果一个人过于沉迷于欲望，失去了对个人理想的追求和守望，必然感到存在的虚空和精神的萎靡。从个人生存来讲，人没有必要的物质条件不行，而没有精神层次的理想、追求和信念也不行。只有当一个不断朝向精神生命的存在使人超越了动物的本能而获得人性的自由和尊严，他才可能获得真正的快乐、幸福与满足。正如美国物理学家爱因斯坦（Einstein）所言："认为自己的生命无意义的人，不只不快乐，而是根本不适合生活。"

3. 生命在意义中安居何以可能

"生命的意义是什么？"和"生命的存在对我有什么意义？"是两个十分相似却又有着截然不同意蕴的问题。前者是一个绝对性问题，可以说，生命本身就是意义，活着就是意义；后者则是一个具有价值指向性的相对性问题，生命之于人类而言，并非仅仅意味着生存、活着，意味着吃饱穿暖、代际延续，还意味着人对物质生命的超越、意味着社会生命的发展、意味着对精神生命的诉求，意味着自我价值的实现及生命独特个性的彰显。

人不单靠面包活着，他要讲究活着的意义和价值。对此，很多人存在一个误区，以为只有做出了具体而显赫的物质和精神产品贡献才是生命意义的体现。其实，每个人可以向世界提供的有价值的东西是非常多的，对万物生命的尊重、对亲人朋友的关爱、对生活目标的执着、对艰苦环境的超越；或者一个农民生产出粮食、一个工人生产出机件、一个科学家做出发明、一个教师桃李满天下、一个学生乐观向上勤俭节约，在本质上都是一样的，都为自己的生命赋予了崇高的意义。美国精神分析心理学家弗洛姆（Fromm）认为："人除了通过发挥其力量，通过生产性的生活而赋予生命意义外，生命就没有意义。"❶生命意义是关于生命的积极思考和追求。这里认为，对每一个体而言，生命意义可从两个方面理解：一是对生

---

❶ 弗洛姆. 为自己的人［M］. 孙依依，译. 北京：生活·读书·新知三联书店，1988：60.

命存在的敬畏；二是对生命价值的追求，这既包括对社会生命所赋予的责任与义务的遵从，也包括精神生命所蕴涵的对个体自由与价值实现的瞩目。

而安居自然是一种生存状态，透射着一种舒适与自在、轻松与安享。对于追求精神幸福与心灵自由的人来说，安居并非是简单占有一个住处，更是一种精神层面的栖居与安宁，其本质应是生活的和谐与精神的自由。安居是一种能够感受个体价值存在的幸福体验：安居蕴涵着生命三维的协调相融，指向人与自然、人与社会、人与自身的共在与相融；安居是指属于人性彰显与本质需要的精神自由与心灵惬意的自在存在。人是寻求意义的动物，无法忍受无意义的生活。人生是有意义的，而健康的人便生活在对生命意义的追寻和实现上。几乎所有的研究都证明了生命意义对心理健康有着积极影响，对生命意义的探索和情绪健康呈正相关；对生命意义的认识能够减缓消极生活事件对个体的影响；而缺乏对生命意义的理解与心理问题则呈正相关。为了应对生存挫折，人们必须为自己的生活发现意义与价值。人在苦难中需要意义以求生存，人在优越的生活环境中同样需要意义以求生存和发展，否则就都有可能被不同程度的心理问题所困扰。而当代大学生中流行的"郁闷"感觉可以说就是对存在空虚感的形象概括。

对意义的追寻是人类存在的根本拷问，人类参与社会生活的最终根源，是对意义和尊严的渴望，而非表面上所看到的游戏带来的利益。只有澄清生命的意义问题才能使人们的生存超越混乱、虚夸、躁动，才能在纷华繁乱的世界中实现诗意的安居。意义因人而异，对一些人有重要意义并且孜孜以求的事情对另一些人也许毫无价值。对人生意义的不同理解实质上是人们价值观念的不同展现。笼统地说，意义可分为一般社会标准的生存意义和自我生活意义，每个人在追寻和确立自己的人生意义时总是以外在社会标准为依据，更以内在价值认可为准绳。如果二者达至相对统一则会使人目标明确、主动积极、内心充实；如果人违背自己内心的意愿，被外界驱使去实现所谓人生的意义，那么他一定从另一个方面否定或回避这一意义，并陷入迷茫、混乱、郁闷、空虚、烦躁和无所适从的低潮状态。

因为这不符合人存在的事实，对意义的追求更是精神层面上的主动选择。在当前市场经济建设的社会转型时期，人们的生存意义日趋多元化，多元化的意义取向使许多人产生严重的心理失衡，一方面希望坚持自己认可的人生价值导向，另一方面又不自主地为外在标准所左右。在这种矛盾挣扎中，如果缺乏一定的自我调控、自我肯定和自我认同能力，自我生活意义将被外在意义所否定，而对自己生活意义的否定必将导致对自己当前生存状态的否定，甚至对自己生命的否定。许多人寻求心理咨询，也许并不是出于某一明显的身心病症，而是出于对人生的绝望，出于自我存在意义的混乱和受挫。这种混乱和受挫必将导致人的存在的虚空。

三、大学生职业生涯规划心理健康教育

（一）开展大学生职业生涯规划指导的必要性分析

1. 大学生职业生涯规划现状诉求

职业生涯规划理论在中国的传播较晚，导致大学生在职业规划方面缺乏充分的理论支持和实践经验。目前，大学生职业生涯规划面临着若干挑战。

首先，许多大学生对职业规划缺乏足够的重视，他们在求职过程中往往没有进行合理的职业规划，这影响了他们职业发展的效率和质量。

其次，大学生在职业生涯规划过程中常常遇到心理障碍。这包括过度焦虑、自负、自卑、依赖、怯懦、冷漠等负面心理状态。同时，他们在职业生涯规划的认识上存在诸多误区，比如对职业生涯的理解不够深入，缺乏职业自我认识，职业方向和需求模糊不清，职业期望过高，以及职业规划过于急功近利。

再次，尽管大学生对职业生涯规划与指导有着强烈的需求，他们对这一领域仍然感到陌生。目前，学生获取职业生涯相关知识的渠道有限，缺乏专业的职业生涯规划咨询机构，这使得他们的需求得不到有效满足。

最后，中国高校在职业生涯规划指导方面仍有待加强。目前，高校的就业指导工作主要集中于毕业生的就业安置，如收集就业信息、组织校园

招聘等，与职业生涯规划的深层次需求有所偏差。这种偏差表明，高校需要在职业生涯规划指导上进行更深入的投入和改进，使得学生能够得到更全面的职业发展支持。

2. 职业生涯规划有利于大学生身心健康和最优发展

大学阶段是青年从幼稚向成熟转变的关键时期，这一时期大学生们面临着众多决定未来发展的重要选择，涵盖学业、交友、就业、婚姻及人生价值观等。这些选择和态度对他们的身心健康具有深远的影响。大学生正处于心理变化最剧烈的阶段，他们常表现出情绪多变、敏感脆弱的现象，同时对发展有着强烈的渴望，但又容易脱离现实。在处理个人问题时，由于经验和能力的不足，他们容易感到困惑、焦虑、急躁和愤怒，这些不良情绪可能会引发诸多心理矛盾。

大学生正处在生涯探索期和生涯建立期的关键阶段。这一时期内，他们通过学校生活和社会实践，不断地探索自我能力、角色定位及职业选择，以及个人能力与职业需求的匹配。职业生涯规划不仅帮助大学生找到合适的工作，提高就业率和社会满意度；更重要的是，它还通过生涯探索和建立的过程，帮助大学生深入了解自我和职业世界，增强生涯认知，明确发展方向和目标，制定具体的行动计划。

有效的职业生涯规划有助于大学生在思维模式、情感方式、自我意识、规划能力、发展观念及职业意识等方面实现从传统文化心理素质向现代社会文化心理素质的转变，这对促进大学生的全面发展及身心健康来说尤为重要。这样的转变使得大学生能更好地规划自己的学习、生活和未来，从而在复杂多变的现代社会中找到自己的定位和发展路径。

职业是自我的延伸，是一个人寻求自我发展与自我实现的现实途径。大学生的职业生涯规划与否，不仅影响个体的心理健康，也关系个体一生的未来发展。研究表明，如果一个人所从事的工作与其职业兴趣相吻合，就能发挥其全部才能的 80% ～ 90%，并能长时间地保持高效率地工作而不疲劳；反之就只能发挥全部才能的 20% ～ 30%，还容易感到厌倦和疲劳。大学生正处在个人职业生涯的探索阶段，在此阶段，大学生应通过对自己的兴趣、爱好、能力、特点及客观环境的综合分析与权衡，通过对各种职业角色的了解和尝试，来充分认识自己，从而实现合理的职业匹配，积极发挥自身优势；有利于大学生树立务实可行的职业发展目标与职业理想，合理利用学习时间和学习资源，不断地进行自我增值、自我提高。同时，通过合理的职业规划，随着个人与职业的契合度提高，大学生未来的职业生涯就越有可能获得广阔的前景，从而实现个体的全面最优发展。

3. 心理特征与个体职业的双向选择

在大学生个性心理的发展过程中，个体的兴趣、能力、气质、性格、价值观等个性心理特征都在很大程度上影响大学生职业方向和类型的选择与匹配。兴趣是大学生进行职业生涯选择的依据，不同的兴趣适合不同的职业类型，从事适合兴趣的职业能有效提高大学生的工作效率，它是大学生职业生涯发展过程的精神动力，能够推动大学生锲而不舍地追求某一职业目标，并保持职业生涯规划过程中的稳定性和连贯性。能力是个体能够胜任某项工作的主观条件，是职业规划的重要依据。一般来说，胆汁质的大学生适合从事开拓性的职业，多血质的大学生更喜欢灵活性较大的工作，而黏液质的大学生适合从事稳定、细致、持久性的活动，抑郁质则适合精细、敏锐的工作类型。价值观是一种内心尺度，它在人们的职业生涯发展中起着极其重要甚至是决定性的作用。由于个人的身心条件、兴趣爱好、教育背景、社会阅历等方面的不同，人们在职业选择中目标和要求也各不相同。在职业定向与选择过程中，对自己职业价值观有深入了解的大学生更能为自己选择理想的职业导向，并能从职业生涯中获得内心的愉悦与充实。

（二）大学生职业生涯规划指导的内容选择

大学生职业生涯规划指导是以大学生职业心理发展特点为依据，以大学生职业生涯规划内容为基础，以大学生职业能力开发、自我潜能展现及职业生涯发展为着眼点的教育活动。从心理健康教育的视角来衡量大学生职业生涯规划指导的内容，可做以下思考：

1. 依据大学生心理发展特点开展职业生涯规划指导

发展心理学指出，个体的成长阶段会受到年龄和心理状态的显著影响。在职业发展的不同阶段，人们对职业的需求、发展方向和行为方式都会呈现出显著的差异。例如，美国职业生涯发展理论家金斯伯格（Ginsberg）将职业心理发展分为幻想期、尝试期和现实期三个阶段，他揭示了早期职业心理的发展对个体未来职业选择的深远影响。同时，美国职业心理学家舒伯（Super）提出的终身职业生涯发展理论，进一步将职业心理发展细分为成长、探索、建立、维护和衰退五个阶段，每个阶段都有其独特的任务和特征。

大学生正处在职业生涯发展的探索阶段，这一时期他们展现出广泛的兴趣、活跃的思维和尝试的勇气，对未来充满期待。然而，他们也可能面临自我评价不准、社会认知不足、情绪波动和面对挫折的承受力较弱等挑战。随着学年的推进，大学生的思想观念、行为模式、生活内容和职业取向等方面也会相应发生变化。

因此，大学生职业生涯规划的指导工作必须充分考虑他们的心理发展特点和各年级的学习任务及心理发展需求。职业生涯规划的指导不能仅限于毕业学年，而应该在整个大学阶段进行，以不同的侧重点针对不同年级的学生开展。这种全方位、分阶段的职业生涯规划指导旨在增强大学生的职业规划意识，帮助他们更好地理解自我，明确职业目标，并根据自己的发展阶段制定合理的行动计划，从而为未来的职业生涯打下坚实的基础。

2. 积极开展职业心理咨询，解决大学生职业心理困惑

在大学阶段，学生处于职业生涯发展的关键探索期。由于大多数大学生对职业生涯规划的了解不够深入，且在职业规划能力上有待提高，结合他们特有的心理特征和面临的不确定性，学生在职业规划和求职就业过程中常会遇到各种心理困惑和误区。因此，积极推进全面的职业生涯规划教育，并开展专业的职业心理咨询，成为了一项重要任务。通过专业的心理咨询方法和手段，可以有效帮助大学生解决在职业探索过程中遇到的心理困惑和问题，从而促进他们职业心理的成长和职业规划能力的提升。

职业心理咨询可采用个别咨询和团体咨询两种形式。个别咨询着重于为个别学生在职业生涯探索中遇到的具体问题提供直接的心理支持，而团体咨询则通过分组方式，集中解决某些共同的职业探索问题。团体咨询不仅为学生提供了一个支持和学习的社交环境，还通过专门设计的职业生涯规划团体活动，让学生能够在实践中获得宝贵的经验和感受，这对他们的职业生涯发展极为有益。通过这样双管齐下的咨询策略，能更全面地支持大学生顺利进行职业生涯规划，帮助他们建立更明确的职业目标和发展路径。

3. 科学开展职业心理测评工作，做好大学生职业定位辅导

职业定位是关于将个人潜能与职业目标进行最佳匹配的过程。为了实现有效的职业定位，大学生需要准确理解自己的需求、兴趣、能力、性格、价值观等心理特征。这种自我认识的过程往往依赖于科学的职业心理测评，这类测评能够帮助学生全面而准确地了解自己，实事求是地评估自己的优势和劣势，从而清晰地识别出自己的职业潜能和适应性。

在大学生的职业生涯规划中，职业心理测评的目的不仅是评估，而是作为一个过程，促进学生对自我进行深入的探索和获得明确的认识。通过这一过程，学生可以更好地理解自己的职业兴趣、技能、价值观和人格特质，从而为个人的职业生涯规划和设计提供坚实的基础。

在进行职业心理测评时，重要的是要选用科学、合理且有效的工具和方法，以实现测评结果的准确性和可靠性。这样的方法不仅能帮助学生构建一个与自身特点相匹配的职业发展路径，还能增强他们对未来职业选择的信心和动力。因此，高校在职业规划指导中应重视职业心理测评的科学应用，使得学生能够在理解自我和规划未来方面得到有效的支持。

4. 以教育发展性为指导，开展持续动态的职业心理辅导

职业选择是一个不断演变的过程，涵盖了个体从入学到步入社会的各个阶段，每个阶段都有其特定的发展任务。理解这一过程的动态性是关键，因为如果某一阶段的任务未能完成，可能会影响到后续阶段的职业发展。因此，大学生的职业生涯指导不应仅局限于毕业生，而应包括所有在

校学生；同时，指导内容也应超越单纯的职业心理困惑的解决，采用一种发展性的教育方法，基于尊重每个学生的个体差异和年级特点，实施持续的、动态的职业心理指导。

这种指导包括三个主要方面：

（1）求职择业的心理准备。这是一个长期的过程，需要在大学生的整个学习生活中进行。这包括培养学生的竞争意识和能力、形成良好的择业心态、提升社会适应能力以及明确职业方向和理想目标等。

（2）求职择业中心理矛盾的指导与调适。大学生在择业中经常会遇到各种心理矛盾和误区，如自我认识不足引起的自卑心理，以及由于选择机会增多而产生的想要兼得的心理。这些心理困惑是职业指导中需要及时调节和指导的关键内容，以防止这些问题发展成为影响整个职业生涯规划的心理障碍。

（3）社会适应期的心理指导与调适。主要针对即将毕业的大学生，帮助他们在具体的职业岗位上适应社会环境。这包括指导学生形成适应未来工作环境的积极心理倾向，培养面对社会现实时保持积极乐观态度的能力，以及发展良好的职业道德意识。谁能更快适应社会，谁就能更快在职业道路上取得成功。

第三节　大学生心理健康教育方式的发展

一、大学生心理咨询的发展

（一）心理咨询是大学生心理健康教育的重要内容和途径

心理咨询旨在通过专业的理论和方法，建立特定的人际关系，帮助求助者解决心理困扰，增进心理健康，提高适应能力，并促进个性发展和潜能发挥。在中国大学生中，心理咨询主要采取个性化形式，即一对一的咨询关系，这通常涉及到面对特定心理困扰的学生。由于这种形式的服务对象有限，它并不能覆盖所有学生，而教育的本质是普惠性的，旨在服务于广大学生。

从这个角度来看，大学心理咨询的实践需要向更广阔的心理健康教育领域扩展。心理健康教育不仅包括面对面的心理咨询，还应涵盖全体学生的课程教育、课外活动，并承担起向社会、家庭和社区推广心理健康知识的责任。这种教育不应仅针对出现心理问题的学生，而应面向所有学生，旨在普及心理健康知识和提升整体心理素质。

因此，大学生心理咨询应该被视为心理健康教育体系中的一个重要组成部分，是支持学生心理健康的一种重要方式，但不应局限于此。它应与更广泛的教育活动相结合，共同促进学生的全面发展，使每位学生都能在学习和生活中获得必要的心理支持。

（二）大学生心理咨询的发展性价值取向

心理咨询的实践中，根据其目标和方法，可以区分为障碍性心理咨询和发展性心理咨询两种主要取向。障碍性心理咨询主要针对具有显著心理障碍和问题的个体，提供支持、矫正和治疗，属于心理治疗的范畴。而发展性心理咨询则侧重于根据学生的身心发展特点，帮助他们解决成长过程中的心理矛盾，更好地了解自己和社会，开发潜力，促进个性的全面发展。

考虑到中国高校的教育特点和目标，我们更倾向于推崇发展性的心理咨询。这种取向不仅涉及到有明显心理困扰的学生，而且还包括所有大学生，目的在于通过全面的心理健康教育，促进每位学生的个性和潜能发展。

心理问题的定义应区分其广义和狭义的含义。广义的"心理问题"包括心理疾病、障碍及日常生活中的心理困惑和烦恼，而狭义的"心理问题"则专指临床意义上的心理障碍和疾病。有时，为了强调心理健康教育的重要性，一些描述可能会过度强调学生的心理问题，从而引发误解。

实际上，绝大多数大学生面临的是与成长相关的心理问题，这些问题虽然不构成心理疾病，却直接影响他们的心理健康和成长。这些所谓的"心理问题"往往是正常成长中的自然反应，如适度的考试焦虑可能有助于提高注意力和学习效率。

因此，大学生心理咨询的发展性取向强调在日常心理健康教育和咨询中应关注学生的整体发展，而非仅仅集中于症状的消除或治疗。这种取向鼓励学生在遇到挑战时主动寻求帮助，咨询师则应以发展性问题的帮助为主，避免过度医疗化处理学生的正常成长困惑。同时，不可忽视那些确实需要专业心理治疗的学生，对于这部分学生，应及时进行专业的障碍性心理咨询或转介至更专业的医疗机构，以帮助他们获得适当的治疗和支持。

（三）大学生心理咨询应坚持"价值参与"

在心理咨询领域，处理价值问题是一项既敏感又复杂的任务。目前存在"价值中立"与"价值参与"两种不同的方法论争论。价值中立强调心理咨询师应保持中立，全面以来访者的价值观为中心，避免对来访者的价值观念进行任何形式的评判或影响。然而，实践中发现，完全的价值中立是难以实现的，且在咨询过程中不可避免地涉及到价值问题。

对比之下，"价值参与"主张咨询师在咨询过程中可以有意识地引导来访者，帮助其树立积极的价值观，并做出合理的价值判断。这种方法认为咨询师的价值观可以适当地渗透到咨询过程中，以帮助来访者解决内心的冲突，并做出有益的生活选择。

在大学生心理咨询中，应如何进行"价值参与"呢？实际操作中，应以价值尊重为基础，进行价值澄清，并以价值引导为目标。这意味着首先需要理解和尊重来访者的价值观，为其创造一个安全、自由表达的环境。然后通过对话和讨论帮助来访者澄清自己的价值观念，识别内在的价值冲突，并进行理性思考和客观分析。

在价值引导过程中，咨询师应引导而非替代来访者做出价值选择，确保来访者的价值选择过程既自主又有意识。在遇到来访者持有潜在反社会或边缘性价值观时，咨询师应当采取适当的引导措施，使得价值引导既不过度干预也不完全放任，避免极端的价值干预行为。

总的来说，大学生心理咨询中的价值参与不应简单地肯定或否定某种价值观，而是应当在尊重、澄清的基础上进行恰当的引导。这种平衡的方法有助于在促进个人成长和尊重个人自主权之间找到恰当的平衡点。

二、大学生心理健康教育方式发展

（一）开设心理健康教育课

在高校中，心理健康教育课程不仅增进了学生对心理健康的认识，还提供了必要的心理自助技巧。为了更有效地促进大学生的心理健康，学校应当将心理健康教育纳入正式课程体系，作为选修课供学生选择。此外，定期举办心理健康专题讲座和报告会，可以帮助学生更系统地理解自我心理发展的规律，掌握保持心理健康的基本知识以及提升心理素质的有效策略。

同时，将心理健康教育融入思想道德修养课程中，可以从更深层次上促进学生对心理健康重要性的理解，并在培养学生的道德素养的同时，加强他们的心理应对能力。这种综合的教育方式不仅能帮助学生在学术上获得支持，更能为他们未来的社会生活和职业发展打下坚实的基础。通过这些措施，大学生能够在一个支持性的环境中成长，同时提高他们应对生活挑战的能力。

（二）建立学生心理档案

为了更有效地支持学生的心理健康，高校可以在新生入学时进行心理健康状况的初步评估。通过这一评估，学校能够收集和整合相关数据，建立一个特殊学生群体的心理健康档案库。这样的措施允许教育管理者对那些可能面临心理挑战的学生进行有针对性的跟踪、咨询和必要的治疗。

通过建立这样的档案库，学校不仅能够为学生提供及时和个性化的支持，还能进行早期危机干预。这种主动的干预措施有助于预防可能的心理危机，减少因心理问题导致的极端事件。此外，这也强化了学校对学生全面发展的承诺，不仅关注学业成就，也重视学生的心理和情感健康。这种做法有利于营造一个支持性强、关怀全面的教育环境，有助于学生在大学期间保持良好的心理状态，促进其健康成长。

（三）建立心理健康专栏

为了增强心理健康教育的影响力，高校应充分利用多样的传播渠道，如校园广播、数字网络、校刊校报和展示橱窗等，设立专门的心理健康专栏或节目。通过这些平台，学校可以广泛宣传心理健康知识，讨论常见的心理问题，并邀请专家解答学生疑问，从而提高学生对心理健康重要性的认识。

特别是利用现代网络技术，学校可以创建在线心理健康论坛或社群，为学生提供一个交流和分享心理经验的空间。这不仅便于学生就个人问题寻求帮助和指导，还使学校能够及时了解学生的心理动态，从而更好地进行心理健康教育和干预。

此外，通过校刊校报和橱窗展示等传统媒体，学校可以定期发布心理健康小贴士，介绍成功的案例研究，以及提供针对性的心理建议，使心理健康教育成为校园文化的一部分。这种多渠道的心理健康普及策略不仅能提升学生的心理素养，还能营造一个更加关注和支持心理健康的校园环境。

（四）开展心理健康咨询

高校中的心理健康咨询通常由专门的心理辅导或咨询机构承担，通过多种形式的咨询方法来支持学生。这些方法包括：一是个别咨询和门诊咨询。面对面的一对一咨询，适用于有明确心理困扰或问题的学生，提供私密、个性化的支持和解决方案。二是团体咨询。针对有共同心理问题的学生群体，如应对考试焦虑、处理人际关系等，通过团体互动增强彼此支持，共同探讨和解决问题。三是书信咨询和网络咨询。对于那些可能不愿意面对面求助的学生，可以设置心理咨询信箱或开展在线咨询服务，这样的匿名或远程方式有助于学生在舒适的环境中表达自己的心理需求。四是现场咨询。在特定时期如新生入学、重大考试前等关键时刻，心理咨询师可以深入学生群体，提供现场咨询服务，帮助学生有效应对即将到来的挑战。

这种多样化的咨询方式旨在为所有学生提供易于接近和及时的心理支持，使每位学生都能在需要时获得适当的心理帮助。这些服务的实施不仅有助于缓解学生的心理压力，还促进了整个学生群体的心理健康和学术成功。

（五）加强教职员工心理健康知识的培训

心理健康教育是学校德育工作的核心部分，其成功实施需要全体教职工的共同参与。这种参与体现了心理健康教育在学校中的一致性、普及性和持续性。为此，学校应致力于对那些专职和兼职从事大学生心理健康教育的教师进行系统的培训，以提升他们的理论水平、专业知识和实际操作技能。

学校还应关注对全体教师，尤其是班主任、辅导员以及其他负责学生思想政治教育的工作人员的心理健康教育培训。通过这种全面的培训，使他们能够更有效地识别和响应学生的心理需求，同时，也能帮助他们在日常教学和管理工作中，更好地融入心理健康教育的元素，促进学生的全面发展。

三、运用新媒体开展大学生心理健康教育

（一）运用新媒体思维，设计心理工作平台

随着新媒体技术的发展，大学生的日常生活、娱乐及学习活动越来越多地依赖网络。这为心理健康教育提供了新的发展机遇，使其不再局限于传统的课堂和心理咨询室，而可以通过新媒体平台更广泛地接触和服务学生。

首先，教师可以利用网络平台如学校网站、社交媒体（微博、微信公众号）来发布心理健康教育内容，增强与学生的互动，促进心理健康知识的普及。这些平台不仅能够帮助教师及时发布最新的心理健康信息，还可以作为与学生进行互动交流的渠道，建立更加紧密的师生关系。

其次，高校可以通过校园论坛、社交网络群组等形式，加强教师与学

生之间的直接交流。通过这些平台，教师可以更深入地了解学生的普遍心理状态和具体需求，同时针对性地提供咨询和支持。

再次，教师还可以利用即时通讯工具如 QQ、微信等提供一对一的心理咨询服务。这种形式的服务可以在确保学生隐私的同时，提供更为个性化和即时的支持，使学生能够在一个安全、私密的环境中开放心扉。

最后，开发和利用一些互动性强的网络体验游戏，可以作为一种创新的心理减压方式。这类游戏能够帮助学生用轻松的方式缓解压力，同时增强他们的心理应对能力。

通过这些多元化和创新的方法，高校的心理健康教育工作可以更有效地覆盖更广泛的学生群体，提高教育的实效性，帮助学生在面对心理挑战时能够获得必要的支持和资源。

（二）发挥新媒体优势，把握网络舆论导向

为保证校园网络环境的健康和安全，同时有效监控和引导大学生的思想及心理健康状况，高校需完善网络舆论引导与监督机制。这主要包括两个方面：

1. 强化思想引导

通过教育和传播活动，帮助学生树立科学的世界观、人生观和价值观。这不仅涉及到课程内容的设计，还包括利用网络平台进行正面信息的推送，如通过学校的官方社交媒体账号发布正能量内容、组织线上讲座和研讨会等。目的是使学生能在健康的网络环境中接受正确的思想文化熏陶。

2. 加强网络监督

鉴于网络的开放性和虚拟性可能导致不良信息的传播，高校应建立一套有效的网络监督巡查制度。这包括设立专门的监控团队，使用技术工具来筛查和管理校园网络内容，保证及时发现并处理不健康信息。此外，通过教育学生辨识和抵制不良信息，加强自我保护意识，也是维护网络环境纯净的重要措施。

（三）引入新媒体技术，创新课堂教学模式

在新媒体环境下，大学心理健康教育有机会进行创新变革，其中一种有效的方法是通过开设网络慕课（Massive Open Online Courses，MOOCs）来提供专门针对大学生心理健康的课程。这些慕课可以涵盖人际交往、学习压力管理、求职指导、感情关系处理等多个方面，旨在向学生提供必要的心理健康知识和提升他们的心理调适能力。

这种慕课的形式通常简洁且内容集中，有助于激发学生的学习兴趣和参与感。短小精悍的课程设计使得学生更容易吸收和理解心理健康的关键知识，同时也便于他们在繁忙的学习生活中抽出时间进行学习。

大学心理辅导教师可以利用微博等社交媒体平台与学生建立更紧密的联系。通过这些平台，教师不仅可以发布心理健康小贴士、日常指导和正能量信息，还能提供一个互动平台，让学生能够在遇到心理困惑时及时寻求帮助和建议。

第四节　大学生心理健康教育的发展趋势

心理健康教育是一个多层次、多因素、涉及多学科领域的综合性发展的系统教育工程。其综合性发展主要体现在心理健康教育自身内涵的丰富及运行实践的综合性发展趋势。

一、大学生心理健康教育内涵的综合性发展

大学生心理健康教育内涵的综合性发展主要体现在教育目标的综合完善、教育内容的丰富多样及教育功能的拓展等方面。

（一）教育目标的综合完善

大学生心理健康教育是一项系统化、目标导向的教育活动，其成功的

关键在于明确和细化教育目标。这些目标不仅要符合素质教育的总体要求，还需要反映心理健康教育的特定价值和关怀。教育目标的设定应基于学生的心理素质一般特征，并考虑到个体差异和现代心理健康标准，使得教育活动既系统又具有针对性。

在大学生心理健康教育体系中，目标设置应呈现出层次性，包括总目标和具体目标。总目标反映国家和社会的要求，强调通过心理健康教育引导学生树立正确的心理健康观念，预防和缓解心理问题，培养良好的心理品质，增强调节能力，提升心理健康水平，以促进学生在思想道德、科学文化和身心健康等方面的协调发展。

具体目标则是总目标的实际应用，包括解决人格障碍、睡眠障碍、不良习惯等问题，优化人际关系，增强适应力，实现个人发展等。这些目标根据不同学生的具体需求分为不同的层次：

第一，初级目标。主要关注防治心理问题，提高心理健康水平。这包括帮助学生解决学习和生活中的心理困扰，及时发现和干预重大心理障碍。

第二，中级目标。着重于优化心理品质，学会积极适应环境。这涉及到帮助学生应对各种社会和个人生活的变化，培养健康的人际交往和生活技能，从而实现良好的社会功能和自我管理。

第三，高级目标。旨在开发心理潜能，促进个人的全面自我实现。通过高等教育的心理健康教育，不仅能解决和预防心理问题，更重要的是能提升学生的心理素质，激发内在潜力，助力学生实现自我价值和生涯发展。

这样的目标层次结构使大学生心理健康教育既具有广泛性又具备深记刻性，能够满足不同学生的需求，有效促进其健康成长和全面发展。

（二）教育内容的丰富多样

大学生心理健康教育是一项结合系统化目标、客观需求与主观认识的多维教育活动。教育内容的决定因素既包括教育目标和学生的需求，也受制于对心理健康教育价值的不同理解。因此，内容的设定和实施方式呈现出多样性和层次性，以适应不同的教育需求和心理状态。

从内容角度，大学生心理健康教育涵盖了广泛的主题，如心理健康的基本知识、情绪管理、人际交往、恋爱与性、职业规划、心理疾病的预防与干预等。这些内容从横向上满足了学生在不同生活领域中的心理健康需求。

纵向上，内容划分为三个层次：心理疾病咨询、情绪适应咨询和心理发展咨询。这种层次划分帮助教育工作者针对性地解决学生从简单的心理困扰到复杂的心理疾病问题。

然而，目前中国大学生心理健康教育往往更侧重于心理学基础知识的传授和心理问题的处理，而相对忽视了心理素质的培养和潜能的开发等成长性教育内容。这一偏向可能限制了心理健康教育在促进学生全面发展方面的潜力。

为实现心理健康教育的全面效果，未来的教育内容设计应更加注重知识传授与品质修养、问题解决与个人发展的融合。通过这种综合途径，心理健康教育不仅能帮助学生解决现有的心理问题，还能促进其长期的心理素质提升和个人潜能的发掘，最终达到心理健康和个人成长的和谐统一。

（三）教育功能的拓展

大学生心理健康教育具有重要的多层次功能，这些功能旨在促进学生在个人和社会层面上的全面发展。教育内容的设计和实施，应全面体现解决问题、适应生活和促进发展的教育取向。

第一，心理健康教育的初级功能是防治心理问题，旨在帮助学生识别和解决各种心理困扰和障碍，防止这些问题的产生和发展。这包括对常见心理疾病的早期识别、干预和治疗。

第二，中级功能强调心理适应和品质优化。通过教育活动，学生可以学习如何更好地适应学习和生活中的各种挑战，提高应对压力和人际交往的能力，从而优化其整体心理品质。

高级功能则关注心理潜能的开发和个人的自我实现。心理健康教育不仅关注消除心理障碍，更致力于激发学生的内在潜力，帮助他们实现个人目标和生命的充分价值，促进其全面成长。

在实际操作中，维护和促进大学生心理健康，开发智力和能力，提升道德修养和品德，形成完善的人格以及养成良好的行为习惯和提高社会适应能力。这些功能不仅反映了心理健康教育在个人层面的重要作用，还凸显了其在社会层面的深远影响。

二、大学生心理健康教育运行的综合化发展

大学生心理素质的优化和发展是一个涉及学校、家庭、社会等多重因素的系统工程，仅靠高校心理健康教育自身的力量是不够的，心理健康教育的运行和发展将形成科学的综合化取向。

（一）教育体系网络化

大学生心理健康教育展现了先进教育观念的实践，并逐渐融入学校的教育理念、人才培养、服务和管理等各个方面。随着教育观念的不断更新和深入，心理健康教育正逐步成为大学生追求身心和谐发展的内在需求，同时也成为学校工作的一个重要组成部分。

在中国，大学生心理健康教育已逐步形成了校、系、班三级网络体系。这个体系通过不同层级的协调和合作，旨在形成一个全面的心理健康保护网络，来共同推动大学生心理健康的发展。在这个三级网络中，校级网络负责整体策略的制定与执行，系级网络着重于学生日常问题的及时解决，而班级网络则负责为学生提供日常心理支持，并构建和谐的学习与生活环境。

尽管这一网络体系在实践中仍多处于理论和构想阶段，但它展现了一种综合化的教育发展趋势，被视为实现大学生心理健康教育综合化发展的重要策略。学校辅导应视为教育的一个组成部分，而非教育的全部。在设计辅导模式时，应从教育整体出发，保证与其他教育部门的协调和合作，最大化地利用各种辅导资源，创建一种整体性的辅导环境，促进学生在这样的环境中成长和发展。

此外，大学生心理健康教育并非孤立于社会和家庭环境之外。学校教

育虽然是促进学生心理素质优化的主要力量，但是家庭和社会环境在学生心理健康的发展中也起着重要的作用。家庭教育不仅是启蒙教育，更是终身教育的重要部分。家庭的影响可能是积极的，也可能带来压力和挑战。许多大学生的心理问题与其家庭背景和童年经历密切相关，解决这些问题需要家庭的理解、支持和合作。

（二）教育参与全员化

大学生心理健康教育是一项全方位、多层次的综合活动，它不仅涉及专业的心理健康教育人员，还需要整个教育体系的参与和支持。根据教育部的指导意见，心理健康教育应当成为校园文化的一部分，这需要全体教职员工共同参与，形成一个全员参与的教育模式。

第一，校领导层的重视和支持是心理健康教育成功的关键。校领导需要确定心理健康教育工作的战略地位，为之提供必要的资源和政策支持。这包括建立健全的心理咨询机构、投入教育经费、进行专业队伍的培训、以及推动各职能部门之间的协调合作。

第二，心理健康教育的专兼职团队是这一工作的专业核心，他们负责直接的心理咨询和心理教育活动。这个团队不仅提供直接的心理咨询服务，还负责心理健康教育的规划和实施。

第三，各系辅导员和班主任在心理健康教育中扮演着桥梁和纽带的角色。他们与学生的日常接触最为频繁，能够最直接地观察和了解学生的心理状态和行为变化，是发现并初步处理心理问题的第一线人员。因此，加强对这些工作者心理健康知识和技能的培训，是提高教育效果的关键措施。

第四，普通教职工的日常教育活动也应融入心理健康教育的元素。在课堂教学、生活指导和日常管理中，教职工应有意识地引入心理健康的理念，帮助学生建立正确的心理健康观念，提高他们的自我管理能力和抗压能力。

第五，大学生自身也是心理健康教育的重要参与者。他们不仅是教育的受益者，还可以通过互帮互助，成为促进同伴心理健康的积极力量。大学生可以通过参与心理健康教育活动、成为心理健康志愿者等方式，为营造积极健康的校园环境贡献力量。

（三）教育阶段全程化

在大学生活的各个阶段，学生面临的心理发展任务和心理需求各不相同。因此，大学生心理健康教育需要为不同年级的学生提供有针对性的教育内容和支持。这种差异化的教育策略应该根据学生的具体心理发展需求和所处的学习阶段来设计，以实现心理健康教育的全程化和连续性。

对于大一新生而言，他们的主要任务是适应新的学习和生活环境。因此，针对这一群体的心理健康教育应侧重于帮助他们认识并适应环境、调整人际关系、建立积极的学习态度和生活习惯。

对于大二和大三的学生，他们进入了大学学习和发展的中期阶段，此时他们面临的心理任务包括深化学术追求、拓展人际交往、探索职业目标及处理恋爱关系等。在这一阶段，心理健康教育应加强学生的成就动机、人际沟通技能的培养、以及情感管理和自我认知的提升。

大四学生则站在即将步入社会的门槛上，面临的心理发展任务集中在职业规划和社会适应能力的提高。心理健康教育的重点应放在帮助学生建立现实的职业预期、提高应对社会挑战的能力以及加强心理抗压能力的培养上。

在实施这种分阶段的心理健康教育时，不仅要考虑每个阶段的特定需求，还要注意教育内容的连续性和一致性，使大学生在大学四年的成长旅程中，能够得到系统、连续的心理支持和引导。此外，教育活动应该具有适应性和灵活性，能够根据学生的反馈和教育效果及时调整教育策略和方法。

第二章 高校大学生的学习心理

第一节 大学生学习心理的基本认知

进入大学阶段后，学习仍然是大学生生活中的主旋律。健康的学习心理有利于提高大学生的学习质量和效率，同时也可以使其在将来能够更好地适应学习型社会。因此，大学生应注重培养自身健康的学习心理。本节主要从学习的内涵、大学生的学习动机、大学生的学习特点等角度出发，对大学生学习心理进行专门的分析。

一、学习的内涵

美国心理学家托尔曼（Tolman）、布鲁纳（Bruner）等人的认知理论认为，学习是对环境中的刺激依据其关系形成一种新的认知结构的过程，是意义的获得过程。[1] 美国心理学家桑代克（Thorndike）认为，"人类的学习就是人类本性和行为的改变"，知识技能的学习是通过"尝试—错误—再尝试"这样一个反复的过程获得的。[2] 美国行为主义学派华生

---

[1] 李汉华.大学生心理健康教育［M］.北京：北京理工大学出版社，2011：42.

[2] 喻穷，张太生.掌握学习规律，提高学习效率——桑代克学习规律理论的启示［J］.湖南第一师范学报，2004（2）：68-71.

（Watson）、斯金纳（Skinner）认为学习就是条件反射。华生还进一步指出，人类和动物的行为全部可以用"刺激—反射"理论解释。德裔美国心理学家柯勒（Kohler）用"全面地考察问题情境"和"顿悟"来描述动物的学习过程或解决问题的过程。

学习心理是一种非常复杂的心理现象，许多心理学家、教育家和哲学家从不同的观点、角度对其进行了不同的阐述。在当今学术界，心理学家们一般认为，学习的概念有广义和狭义之分。从广义上来说，"学习是人和动物在生活过程中通过实践训练而获得的由经验引起的相对持久的适应性的心理变化，即有机体以经验方式引起的对环境相对持久的适应性的心理变化"[1]。学习是动物和人类共有的心理现象，从低等动物到高等动物，从婴儿到成人，都经常以个体经验的改变去适应其不断变化的生活环境。学习不是本能活动，而是后天的习得性活动。狭义的学习则是指学生在特定的环境——学校中的学习，是指在教师指导下，学生有目的、有计划、有组织地获取知识、形成技能、培养才智的学习过程，具有特定的学习内容和合乎规律的学习方法。

二、大学生的学习动机

（一）学习动机的含义

动机是激励人行动并努力达到某种特定目标的内在动因。"学习动机是激发个体进行学习活动、维持已引起的学习活动，并使学习行为朝向一定目标的一种内在过程或内部心理状态。"[2]

（二）学习动机的类型

面对多种多样的学习动机，我们可以从不同角度对其进行分类。具体来说，学习动机主要有以下几种类型。

---

[1] 吉淑芳，吴丽华.关于"间时学习和集中学习"的实验探析［J］.新疆广播电视大学学报，2011（4）：55-57.

[2] 余孟辉.大学生心理健康教育［M］.2 版.北京：中国水利水电出版社，2011：35.

1. 远景性动机与近景性动机

从动机作用的持久性来看，可将大学生的学习动机分为远景性动机和近景性动机。

（1）远景性动机。远景性动机，作为一种宽泛而深远的驱动力，和广泛的社会价值与意义紧密相关。在21世纪的背景下，大学生致力于实现中华民族伟大复兴的宏伟目标，正是这一动机在学业追求中的具体展现。这种动机不局限于眼前的成就或即时的影响，而是以一种更为深远和持久的方式，推动大学生不断前行。尽管它可能不像某些即时性动机那样直接作用于大学生的日常活动，但其在塑造大学生长期目标、激发深层动力以及指引持续努力方面，发挥着不可替代的作用。

（2）近景性动机。近景性动机，是短期目标的达成，与具体的学习或活动紧密相连。它的作用时效相对短暂，且影响范围较为局限，容易受到外部环境中的偶然因素所左右，展现出一种局部性和即时性的特点。尽管如此，近景性动机因其具体性和直接性，往往能产生较强的驱动力，成为推动当前任务迅速进展的有效力量。

与此同时，远景性动机则以其长远性和普遍性，与近景性动机形成鲜明对比。两者并非相互排斥或矛盾的关系，而是相辅相成、相互转化的。近景性动机为当前的学习活动提供即时的激励，而远景性动机则为学习者设定了更为宏大和深远的目标，激发其内在的持久动力。对于目标明确、自我驱动力强的学习者而言，远景性动机的激励作用尤为显著。

因此，在促进大学生的学习和发展过程中，应充分认识到远景性动机与近景性动机的互补性，鼓励学生在追求短期目标的同时，也不忘树立长远的人生理想。两者相结合，不仅能够提升当前的学习效率，更能为学生的长远发展奠定坚实的基础。

2. 内在动机与外在动机

从内部与外部角度来看，可以把学习动机分为内在动机和外在动机。

（1）内在动机。内在动机，这一源自个体内心深处的驱动力，以其独有的持久性与主动性，成为大学生学习的核心动力源泉。它根植于个人的意志、浓厚的兴趣与独特的爱好之中，如宏伟的理想、强烈的成就渴望、深厚的社会责任感，以及清晰的学习目标与不竭的求知欲。内在动机的力量，在于它能最大限度地唤醒并发挥个体的主观能动性，驱动着人们持之以恒地追求目标，展现出一种既强烈又持久的动力效应。

尤为重要的是，内在动机的调控机制深深植根于个体内部，这使得它能够独立于外部环境的干扰，保持其纯粹与坚韧。因此，教育培养的目标之一，便是引导学生形成正确且高尚的内在动机，通过这一过程，不仅能够促进他们的学业成就，更能够塑造他们优秀的个性品质，为他们未来的成长与发展奠定坚实的基础。

（2）外在动机。外在动机是一种源自外部因素的驱动力，其特点在于其短暂性与被动性。它往往促使学习者在外界的压力或诱因下进行学习，而非出于内心的主动意愿。尽管在某些情境下，外在动机能够激发较强的学习动力，但这种动力的根源并不在于学习者本身，而是依赖于外部条件的存在与变化。

因此，外在动机的显著局限性在于其易受外部条件的影响与控制。一旦外部条件发生改变，如奖励的减少或惩罚的撤销，学习者的学习积极性便可能随之波动，甚至消退。这种不稳定性不仅影响了学习的持续性和深度，还可能导致学习者对学习本身产生抵触情绪，进而削弱其内在的学习动力。

3. 积极动机与消极动机

（1）积极动机。积极的学习动机，根植于积极向上的人生观之中，它驱动着大学生以进取的姿态投身于学习之中，旨在为社会、为国家贡献自己的力量。这种动机不仅为大学生提供了源源不断的学习动力，还促使他们在学业上追求卓越，并产生深远的社会正面效应。例如，许多大学生怀揣着成为行业领袖或实现科学突破的宏伟愿望，这些积极动机如同灯塔一般，照亮了他们前行的道路。

（2）消极动机。相较于积极动机，消极的学习动机则显得更为短视与功利。它往往仅能起到暂时的维持作用，难以激发大学生内在的学习热情与创造力。在这种动机的驱使下，部分大学生可能会采用被动、低效的学习方式，对学习过程缺乏足够的自我监控与反思。他们学习的目的可能仅仅是为了获取一纸文凭或一份理想的工作，而忽视了学习本身所蕴含的知识价值与精神追求。这种消极动机不仅限制了大学生个人潜能的充分发挥，还可能对社会的长远发展产生不利影响。

（三）大学生学习动机的特点

大学阶段，作为人生观塑造的关键时期，深刻影响着大学生个性倾向性的变化，进而对其学习动机的方向产生重要的制约作用。在快速变迁的现代社会中，大学生学习动机的发展展现出独特的轨迹与特点。

一个显著的趋势是外部动机与近景性动机的影响力逐渐减弱。初入大学校园时，学生们往往受到成绩、外界认可、奖励或避免惩罚等外部因素的强烈驱动。然而，随着年级的升高，虽然分数依然重要，但其在学生心中的地位逐渐淡化。相反，学生们开始更加珍视广泛的知识积累，参与创新性的研究项目以及掌握先进的科学研究方法。这标志着他们的学习动机向更为深远和内在的方向转变。

此外，社会责任感与内部动机的力量日益凸显。随着大学教育的深入和人生观的逐渐成熟，学生们不再仅仅满足于个人的成就与荣誉，而是将目光投向了更为广阔的社会舞台。他们渴望为社会贡献自己的力量，期望在某一专业领域内留下自己的足迹。这种富含社会责任感的学习动机，与日益增强的内部驱动力相辅相成，共同推动着大学生向着更高远的目标迈进。这一过程不仅体现了大学生学习动机的成熟与深化，也彰显了他们作为未来社会栋梁的责任感与使命感。

三、大学生的学习特点

大学生的学习与中学生的学习有明显区别，具有其自身的一些基本特点，具体如下。

（一）专业化程度高，职业定向性强

踏入高校门槛的大学生，其学习体验相较于中学时期发生了显著的变

化，其中最为突出的是专业学习的明确性与深入性。与中学阶段不区分专业的广泛学习不同，大学生需在特定的院系内专攻某一专业，这一转变要求他们不仅要掌握扎实的专业知识，还需构建全面的知识体系。

在高校的课程体系中，大学生需完成包括政治理论、品德修养、外语交流、计算机技能在内的公共基础课程，这些课程为他们的综合素质提升奠定了坚实的基础。同时，学科基础课程与专业课程的学习则成为他们深入探索专业领域、构建专业知识框架的核心。

此外，高校还为大学生提供了丰富的选修课程资源，鼓励他们根据个人兴趣与专业发展需要，在专业领域内自由选修一定学分的课程。这一灵活的选课制度，不仅促进了大学生对专业知识的深入理解和掌握，还激发了他们跨学科学习的兴趣，使得他们能够在广泛涉猎不同知识领域的过程中，拓宽视野、增长见识，实现"一专多能"的全面发展。

（二）学习的独立性、自主性不断提高

大学生的学习模式显著地体现了自主性与独立性的特征。与中学时期紧密跟随教师步伐、课程安排紧凑不同，大学学习为学生提供了更为宽松的课程安排与充裕的课余时间。这一转变促使大学生不再仅仅满足于课堂讲授的内容，而是开始根据自己的学术目标、专业需求及个人兴趣，主动探索并学习那些能够丰富自我、提升价值的知识领域。因此，自学能力在大学生涯中占据了举足轻重的地位，它不仅是深化专业知识、拓宽知识边界的重要途径，也是培养独立思考与自我驱动能力的关键。

此外，大学学习还涉及诸多需要独立完成的学术活动，如课题研究、专业调查研究及毕业论文撰写等。尽管这些环节离不开教师的悉心指导与同伴间的有益讨论，但其核心工作仍依赖于学生个人的努力与坚持。这就要求大学生必须具备高度的学习自觉性与自律性，能够合理规划时间、有效管理资源、积极应对挑战，以确保学习任务的顺利完成。

（三）学习内容具有高层次性和争议性

大学生的学习旅程，其内容的深度与广度均达到了一个新的高度。众多课程直接触及学科领域的尖端探索，甚至包括那些在学术界尚未形成定论的前沿议题，这样的设置旨在激发大学生的批判性思维与创新潜能。与中小学阶段注重传授已成定论的基础知识不同，大学教育更加注重引导学生跨越既有框架，勇敢探索未知，鼓励他们在学习过程中不断集思广益，融合多元观点，并最终形成具有个人特色的见解与观点。

这一转变要求大学生在学习方式和思维方式上实现根本性的飞跃。他们需逐渐摆脱中小学时代可能遗留的死记硬背的习惯，转而采用更加灵活、开放的学习方法。这意味着大学生应具备主动获取知识、分析信息、综合判断的能力，同时，也要勇于质疑、敢于创新，在吸收前人智慧的基础上，不断挑战自我，推动个人认知边界的拓展与深化。

（四）学习的研究探索与创新性

大学生学习的精髓，远不止于单纯的知识积累，更在于深入探索知识的构建过程与科学的探究方法。他们致力于洞悉学科的前沿动态，辨识其中存在的问题，并寻求创新的解决路径。这一学习理念，促使高校在课程设计、教学安排及课程衔接上，均以学生为中心，强调其实践能力与创新素养的培育。

具体而言，高校通过优化课程体系，使学生能够系统掌握专业知识的同时，也能接触到学科发展的最新成果与未来趋势。教学过程中，注重引导学生参与实践，通过实验操作、项目研究等方式，亲身体验知识的应用与转化过程，从而深化对科学研究方法的理解与掌握。

（五）学习途径的多样性

大学生的学习之旅丰富多彩，其途径远不止于传统的课堂教学。诚然，课堂是知识传授的重要阵地，但绝非学习的唯一舞台。大学生们还积极投身于多样化的课外学习活动中，如参与学校举办的学术报告会，这不仅为他们搭建了与学术前沿对话的桥梁，还激发了他们探索未知的热情。此外，通过加入教师的科研课题、学生科技社团及科技小组，大学生们得以在实践中深化理论理解，培养团队协作与科研创新能力。

校外，更是广阔的学习天地。参观工厂企业，让大学生们亲身体验生产流程与技术创新；深入街道社区，开展社会调查与咨询服务，则让他们将所学知识应用于解决实际问题，从而收获书本之外的宝贵经验。这些校外学习途径，不仅拓宽了大学生的视野，还锻炼了他们的社会实践能力与责任感。

第二节　大学生常见学习心理问题及调适

一、大学生常见的学习心理问题

（一）学习焦虑

1. 学习焦虑的表现

在当今大学生群体中，部分学子面临着一个普遍问题：确立了不切合实际的学习目标与期望，这些目标往往源自于对自尊的过度维护，而非基于真实的自我评估。在自信心匮乏的阴影下，他们背负着沉重的心理压力，极易陷入学习焦虑的漩涡。特别是那些性格敏感、性情急躁的学生，更可能深陷此境，表现为学习时的注意力难以集中、记忆力明显下滑、思维变得混乱，甚至伴随有烦躁、易怒等情绪障碍，严重干扰了正常的学习进程。

面对这样的困境，一些大学生采取了消极应对的方式，选择回避学习挑战，逐渐丧失了进取的动力，最终导致学习成绩不断下滑。这种挫败感进一步加剧了他们的自卑与自责，对自我能力产生深刻怀疑，从而陷入了一个恶性循环：焦虑加深—信心丧失—学习成效下降，最终可能引发更为严重的心理健康问题。

为了打破这一恶性循环，大学生需要重新审视并调整自己的学习目标与期望，建立基于自身实际能力的合理规划。同时，培养积极的心态，学会有效管理压力与情绪，以及寻求必要的心理支持与帮助。通过这些努力，他们才能逐步走出学习焦虑的阴影，重拾学习的乐趣与成就感。

2.学习焦虑产生的原因

大学生学习焦虑的成因错综复杂，可归结为以下几个核心方面：

（1）过高的学习期望与自我认知失衡。当大学生对自我能力缺乏客观评估，设定远超自身实际水平的学习目标时，伴随着自信心的不足，巨大的心理压力便会油然而生。在这种压力之下，内心深处潜藏的恐惧感会逐渐累积，最终演化成严重的学习焦虑。

（2）能力因素导致的挫败感。部分学生在知识积累、学习效率及记忆力方面存在短板，难以在学业上取得理想成绩。面对外界的压力与期望，他们往往感到自卑与自责，这种情绪又进一步影响学习状态，导致注意力分散，成绩下滑，进而形成能力不足与焦虑相互强化的恶性循环。

（3）个性特征的影响。具有敏感、易焦虑性格特质的大学生，在面对学习上的挫折与挑战时，更容易受到打击，自信心与自我效能感受损，进而引发学习焦虑。

（4）生理健康与遗传因素的双重作用。身体状况不佳，如体质虚弱、疲劳过度、失眠频繁等，会加剧情绪的波动，成为学习焦虑的催化剂。此外，个体遗传差异导致的神经类型差异，使得某些人更容易对刺激产生紧张反应，这也在一定程度上增加了学习焦虑的风险。

（5）外部环境的压力。来自家庭、学校及社会的多重期待与压力，构成了大学生学习焦虑的外在成因。这些外部因素与内在因素相互作用，共同作用于学生的学习心理状态，加剧了学习焦虑的程度。

（二）学习动机过强

学习动机虽然可以直接激励学生的学习，但这并不意味着学习动机的强度越大，学习效果就越好。若大学生的学习动机过强，反而会使他们产生害怕失败的紧张心理和拼命蛮干的有害行为，这种行为不仅不会促进大学生的学习，反而会阻碍他们的学习。

1.学习动机过强的表现

部分大学生因学习动机过强，特别是成就动机显著偏高，常陷入自我认知的误区。他们未能客观评估自身能力，却设定了远超实际水平的期望与抱负，无形中为自己的学习之路铺设了沉重的压力。过高的期望值如同双刃剑，一方面驱使他们不断追求，另一方面却使他们在遭遇学习挫折时倍感失落。这些挫败经历不仅削弱了他们的自尊心与自我效能感，还触发了压抑与自卑的负面情绪。尤为棘手的是，这类学生往往自尊心强烈，极为在意他人评价，这种心理特质与学习失败后的自卑感形成了尖锐的矛盾冲突。在这一恶性循环中，"失败加剧敏感，敏感强化自尊，自尊再遇失败"，周而复始，最终导致他们可能对学习心生畏惧，甚至引发心理疾病，极端情况下还可能酿成不幸。

2. 学习动机过强产生的原因

大学生学习动机过强的根源，通常可归结为以下几个关键因素：

（1）不切实际的目标设定。部分大学生在制定学习目标时，未能充分考虑自身的能力边界与实际情况，盲目追求高远而难以企及的目标。这种不切实际的期望，如同悬于头顶的巨石，不仅为他们的学习之路平添了沉重的压力，还常导致一种无论多么努力都似乎难以达到目标的挫败感，进而使他们对自己要求过于苛刻，学习动机因此被过度激发。

（2）认知偏差的影响。学习动机过强的大学生往往持有一种偏颇的认知模式，即坚信"努力必然导致成功"。这种"唯努力论"忽略了成功背后复杂的多元因素，如个人能力、环境条件、机遇等，而是将努力与成功简单等同起来。这种认知偏差使得他们在学习过程中，一旦遭遇挫折便难以自我调适，学习动机在过度追求完美的驱动下愈发强烈，最终演变为一种障碍。

（3）外界不恰当的激励。学校、家庭及社会对某些学生的过度赞美与期望，也是导致其学习动机过强的一个重要外部因素。这些正面的强化信息，如"有出息""勤奋"等标签，虽初衷为鼓励，却可能在无形中给学生带来沉重的心理负担。这些信息使学生忽视了自我审视与调整的重要性，反而加剧了学习动机的过度膨胀，最终阻碍了其学习过程的健康发展。

（三）记忆障碍

记忆，作为大脑对过往经历的深刻烙印，构成了智慧大厦的基础，是知识累积与经验沉淀不可或缺的桥梁，也是实现个人目标与成就的关键助力。当大学生遭遇记忆障碍时，其知识宝库的建设便可能遭遇瓶颈，导致知识储备变得贫瘠。这一状况不仅限制了新知的汲取，还削弱了知识间的融会贯通能力，即信息整合力。进而，这种整合力的缺失会导致学生将所学知识灵活应用于新情境的能力，即迁移能力下降，最终成为影响其全面发展的一大障碍。

1. 记忆障碍的表现

大学生记忆障碍主要表现在以下几方面。

首先，最为直观的是记忆能力的显著衰退，具体体现在遗忘的速度、范围及程度远超常人范畴，极端情况下，甚至可能导致个体对过往经历完全丧失再认与回忆的能力。

其次，部分学生会经历一种看似矛盾的记忆"增强"现象，即某些本应被遗忘的过往经历却异常清晰地浮现于脑海之中，这在正常情况下是难以实现的，反映出记忆处理机制的异常。

最后，记忆错误是另一显著特征，具体可细分为错构、虚构及遗忘—虚构综合征三种表现形式。错构指的是在回忆过程中不自觉地掺杂了错误或不存在的细节，同时可能忽略某些真实存在的关键特征；虚构则更为极端，个体倾向于以完全虚构、毫无事实依据的内容来填补记忆空白；而遗忘—虚构综合征则是一种综合症状，表现为对近期事件的遗忘、虚构内容的产生，以及空间或时间定向能力的混乱。

2. 记忆障碍产生的原因

在现代社会的快节奏与高压力环境下，大学生记忆障碍的成因往往错综复杂，涉及多个方面：

首先，心理状态的不佳是引发记忆障碍的关键因素之一。学习目的模糊不清、学习动机薄弱、学习兴趣匮乏，以及对自身学习能力缺乏信心，这些心理状态会直接导致大脑在处理知识记忆时缺乏必要的积极主动性。

这种消极的心理氛围抑制了大脑皮层的活跃性，有时甚至使其陷入一种休眠状态，进而阻碍了记忆的形成与巩固。

其次，过度疲劳也是不可忽视的原因之一。长时间投身于单调乏味的学习之中，不仅会让大脑的相关功能区陷入疲惫不堪的境地，还会扰乱新陈代谢的正常秩序，触发机体的保护性抑制机制。在这种状态下，记忆效率自然会大打折扣，难以达到预期的学习效果。

再次，情绪波动对记忆功能的影响同样不容小觑。急躁、烦恼、紧张、压抑等负面情绪如同心灵的阴霾，它们会扰乱神经系统的正常运作，干扰记忆的编码与提取过程，从而加剧记忆障碍的程度。

最后，学习材料之间的相互干扰也是造成记忆障碍的一个重要因素。当大脑需要同时处理多种相似或相关的信息时，它们之间可能会产生竞争与干扰，使得记忆的形成变得困难重重。这种干扰不仅会降低记忆的效率，还可能引发混淆与错误记忆的现象。

（四）注意力不集中

对于大学生而言，一旦注意力分散，便难以在学业上斩获佳绩。而欠佳的学业表现不仅会给学生本身带来压力，更在当前严峻的高校毕业生就业市场中，成为阻碍他们顺利步入职场的绊脚石。面对求职屡遭挫败的现实，大学生们往往承受着额外的心理负担，进而可能引发一系列复杂的心理问题。

1.注意力不集中的表现

大学生学习中的注意力不集中问题，最直观的表现莫过于课堂上的心不在焉。他们往往难以长时间集中在老师的讲授上，思绪易如脱缰野马般游离，外界最细微的干扰，如教室外的轻微声响，都能轻易地将他们的注意力牵引而去。这种对外界环境的高度敏感与易分心状态，严重阻碍了大学生静心沉浸于学习之中，长此以往，其学业表现自然难免受到影响，衍生出一系列学习难题。

2.注意力不集中产生的原因

大学生注意力不集中的背后，往往隐藏着多重原因。

首先，对所学专业缺乏兴趣与热情，这会直接导致学习动力的缺失，使得学生在面对学业时显得心不在焉。

其次，学习方法的失当也是关键因素之一，不科学的学习方式不仅效率低下，长此以往还易引发学习疲劳，进一步削弱了学生集中注意力的能力。

再次，缺乏明确的学习目标与计划，如同航行无舵，使学生在学习之路上缺乏方向感与紧迫感，难以保持专注。

最后，过度参与非学习活动，这无疑分散了学生的精力，占用了时间，使得原本就紧张的学习资源更加捉襟见肘，注意力分散问题也随之加剧。

二、大学生学习心理问题的调适

面对高校大学生诸多的学习心理问题，一定要采用适当的措施进行调适，引导大学生发展健康的心理，帮助他们取得更好的学业成绩。一般来说，可从学生自我调适和教育者的调控两个方面来调适大学生的学习心理问题。

（一）大学生的自我调适

1.培养良好的个性品质

良好的个性品质犹如坚固的盾牌，为大学生在学业征途上抵御心理风暴提供了有力支撑。因此，大学生应积极塑造并维护自身优秀的个性特质，这涵盖了个性心理特征、个性倾向及自我意识系统三大维度。在个性心理特征层面，需不断提升能力、优化气质、塑造坚韧不拔的性格；在个性倾向方面，则需明确并坚守崇高的理想、树立正确的价值观与世界观，同时激发广泛的兴趣与强烈的动机；而自我意识系统的强化，则要求大学生建立清晰的自我认知，勇于面对并克服性格中的不足，有效调控情绪，以积极的心态来迎接挑战与挫折。当遭遇学习相关的心理困扰时，主动寻求心理咨询乃至专业心理治疗，是通往健康心理状态的明智之选。

2. 树立正确的学习态度

学习态度，作为学习者对学习过程及其环境所展现出的稳定心理倾向，是认知、情感与行为三要素的和谐共生体。这三者紧密相连，相辅相成：清晰的认知奠定基础，积极的情感提供动力，而由此激发的行为则是学习旅程的实际步伐。当学生确立了坚定的学习态度，这意味着他们已对学习目标有了深刻理解，内心充满了探索的热情，进而在行动上展现出不懈追求卓越的姿态。这种态度如同一盏明灯，引领大学生在求学路上披荆斩棘，克服重重挑战，保持高度专注，不懈追求学业上的卓越成就。

3. 掌握科学的学习方法

学习方法，实质上是学习者在追求学习目标的征途中，依据学习的内在规律，针对具体的学习任务，所采取的一系列策略性步骤、程序、路径与手段。对于大学生而言，随着学习环境、教学模式及学习内容的深刻变革，他们必须勇于打破传统思维束缚，积极探索并掌握那些与大学教育相契合的新型科学学习方法。这意味着，大学生应主动适应大学教育的特点，灵活调整学习策略，以更加高效、自主的方式探索知识的海洋。

4. 科学用脑

对于大学生来说，主要任务还是学习，且学习任务较为繁重。为了保证学习效率，大学生在学习的过程中必须要注意保护大脑，减轻大脑的负担。总体而言，大学生要按照大脑活动的规律合理运用脑力，使大脑处于最佳的工作状态，最大限度地发挥大脑的功能。

5. 正确对待考试

大学生要正确认识考试的目的和作用，端正考试态度。考试的主要目的在于检验学生的学习效果，从而促进学习、巩固学习成果。因此，大学生不该把考试成绩看得太重，而应当把注意力放在对知识的学习、理解、掌握和巩固上。

（二）教育者的调控

1. 创设良好的学习环境

一个井然有序的学习空间，配以清新的空气、恰到好处的温湿度与柔和的光线，这无疑为学习者营造了一个宜人的心境，极大地促进了学习效率的提升。因此，无论是高校还是家庭，都应致力于为学生打造一个理想的学习环境，让每一寸空间都充满激励与启发。在这样的心理氛围下，大学生的主体性能得以充分展现，他们的创造力与自主学习能力将得到空前释放。

面对那些在学习道路上遭遇心理挑战的大学生，家长与教师更应以开放包容的心态，尊重他们的独特个性，细心呵护他们的自尊心。通过真诚的关怀、耐心的引导与热情的援助，努力消除学生的对立情绪与学业困惑，并引领他们跨越难关，重拾学习的乐趣与信心。这一过程中，家长与教师不仅是在传授知识，更是在传递温暖与希望，助力每一位学子在成长的旅途中稳健前行。

2. 采取积极的预防措施

（1）进行正确的人生价值取向教育。对大学生实施精准的人生价值取向引导，是激发其学习热情与动力的关键所在。高校应积极探索多元路径，深刻阐述人生价值的核心——对社会与他人的责任与贡献，以此来触动大学生的心灵深处。通过这一教育过程，旨在促使大学生将学习视为实现个人价值、贡献社会的必经之路，从而激发他们如饥似渴地吸收知识养分，为日后创造更丰富的社会价值奠定坚实基础。这一转变不仅是对知识追求的升华，更是对个人成长与社会责任的深刻领悟与实践。

（2）满足大学生的情感需要。对于大学生学习心理的调适应注意大学生的情感需要，通过引导其情感达到改变其学习行为的目的。具体而言，高校教师必须关心、了解学生，尊重、信任学生，公平对待学生，以自己热诚的感情去满足学生的情感需要，激励学生学习。

（3）帮助大学生明确目标，树立信心。确立清晰的目标并树立坚定的信心，无疑是激发大学生学习动机的强大引擎。教师在此过程中应悉心指导学生设定既具挑战性又切实可行的近期与远期学习目标，并定期审视学习进展，使每位学生都能稳步迈向既定目标。同时，教师应鼓励学生积极反思学习过程，从中提炼宝贵经验，进行归因分析时应多侧重于内部因素，引导学生认识到个人努力与策略调整对于学习成功的重要性，从而激发他们不断突破自我，探索更高效的学习方法，持续增强学习动机与自信心。

3. 加强学习心理健康教育

健康的学习心理状态是大学生全面发展的基础，它涵盖了学习动机的纯正性、学习兴趣的浓厚性、学习信念的坚定性、学习意志的顽强性、学习方法的科学性以及学习行为的规范性等多个维度。为了全面促进大学生的心理健康与学业成就，教育者需将学习心理健康教育置于重要位置，通过多元化的教育手段与策略，有效提升学生的学习心理健康水平。这不仅有助于学生在面对学业挑战时保持积极的心态与稳定的情绪，还能促进他们形成可持续发展的学习能力与终身学习的习惯。

第三节 大学生学习能力与学习策略

一、大学生学习能力的培养

所谓学习能力，即个人理解、应用所学知识的能力，是在已有的知识和技能的基础上，在不断获取新知识并运用这些知识的活动中所表现出来的智力和非智力因素的本领。学习能力虽然受先天因素的影响，但主要还是靠后天学习过程中的培养和训练。这里主要对与大学生密切相关的自学能力、记忆能力和创造能力的培养进行简要的论述。

（一）大学生自学能力的培养

自学能力是指个体独立学习和获取知识的能力，是多种智力因素结合和多种心理参与的一种综合性能力。在当代社会中，随着终身学习理念的不断普及，教育终身化的不断发展，培养大学生的自学能力，不但有益于其当前的学习，而且对其毕业后的学习更有不可忽视的意义。具体而言，大学生要提高自学能力，主要应当从以下三个方面做起。

1. 正确选择学习目标和制订学习计划

合理设定学习目标与精心规划学习计划，是提升自学效率与质量的关键所在。对于大学生而言，在选择学习目标时，应紧密结合自身需求与发展方向，在个人薄弱环节的强化上，将其设定为阶段性主攻目标。鉴于时间与精力是宝贵且有限的，明确的目标如同灯塔，能够为学习之旅指引方向，避免精力的无谓消耗。

在此基础上，制定一个切实可行的学习计划是十分关键的。这一计划应成为日常学习的行动指南，帮助学生有条不紊地推进学习任务。坚持按计划行事，不仅能够培养学生自律与坚持的品质，还能有效规避学习过程中出现的犹豫不决与半途而废的现象，从而稳步增强自学能力，为终身学习奠定基础。

2. 充分利用教学资源

在信息时代，高校图书馆作为学术资源的宝库，为大学生提供了无尽的探索空间。为了不断提升自学能力，大学生应当积极拥抱这些宝贵资源，包括图书馆、资料室、校园网，还可以请教身边的教师与同学。学会高效利用这些校内外平台，不仅能够拓宽知识视野，还能培养独立研究的能力。具体而言，大学生应掌握使用工具书与教科书的基本技巧，这是自主学习的根本；同时，他们还需学会独立查阅文献资料，从浩瀚的信息海洋中筛选出有价值的知识信息。这一过程不仅是对知识本身的追求，更是对自我学习能力的全方位锻炼与提升。

3. 掌握多种学习方法

在追求学业卓越的过程中，大学生不仅要精通那些经典而有效的学习方法，如操作学习法、模仿学习法、社会调查法及工具书刊使用法等，还应保持一颗开放与探索的心，不断拓宽学习途径。尤为重要的是，大学生应善于观察与借鉴，从周围优秀同学身上汲取宝贵的学习经验与方法，这些身边的榜样往往能提供最直接、最接地气的启示。同时，持续总结个人学习过程中的点滴体会，勇于尝试与调整，直至找到最适合自己的那一套学习秘籍。这一过程，不仅是知识的积累，更是实现自我成长与蜕变的旅程。

（二）大学生记忆能力的培养

1. 记忆的概念

记忆，是承载着过往经验的深刻烙印，它不仅是事物形象与意义的内在存储与再现，更是学习与知识积累的先决条件。在心理学的视角下，记忆之旅历经识记、保持与再现三大阶段：识记，如同心灵之眼，捕捉并铭记世间万物的轮廓与深意；保持，则似守护之盾，使得这些珍贵记忆不被时光侵蚀；而再现，则是开启过往之门，让沉睡的记忆在需要时熠熠生辉。

对于大学生而言，这段学术旅程便是记忆艺术的实践场。他们在书海中遨游，将知识的珍珠一一拾起，通过识记将其内化于心；为避免遗忘的潮水冲刷掉这些宝贵的收获，他们勤勉复习，以巩固所学，此即保持之力；而当面对提问、测验乃至人生的考验时，他们能够准确提取记忆中的片段，无论是定义的精准阐述，还是概念的清晰辨析，皆源于再现与再认的智慧之光。

记忆，是智力活动的起点，更是所有心理活动的源泉。试想，若无记忆之锚，人的心灵将如浮萍般无所依归，注意、观察、想象与思维等心理活动亦将失去依托，成为无源之水、无本之木。因此，大学生的成长之路，实际上是一条以记忆为舟、理解为帆、思维为舵的航海之旅，他们在这片知识的海洋中破浪前行，不断拓宽视野，深化认知，最终实现自我的超越。

2. 遗忘的规律

学习的征途，始终伴随着记忆与遗忘的交织。遗忘，这一学习过程中难以避免的伴侣，往往被视为大学生挑战自我的一大障碍。然而，心理学研究为我们揭示了记忆与遗忘背后的深刻规律。遵循这些规律，不仅能够强化记忆效能，减少遗忘的侵扰，还能显著提升学习成效。

遗忘，作为一种普遍存在的心理现象，实则蕴含着其独特的价值。尽管人类的记忆潜力看似无限，但若缺乏遗忘的调节机制，过量的信息堆积将如同沉重的负担，阻碍我们高效检索真正有价值的知识。此外，遗忘还能有效过滤掉无关紧要的干扰信息，让我们的思维更加清晰，专注于核心内容的掌握。因此，从这一角度看，遗忘实际上是记忆优化的关键一环，它帮助我们筛选出最有价值的记忆片段，为深入学习铺平道路。

掌握记忆与遗忘的规律，便是掌握了提升学习效率的金钥匙。通过科学的复习策略、合理的时间管理以及积极的学习态度，我们不仅能够减缓遗忘的速度，还能在大脑中构建起稳固的知识网络。这一过程中，每一次对遗忘的挑战，都是对自我潜能的深度挖掘，引领我们向着更高层次的学习境界迈进。

德国心理学家艾宾浩斯最早系统地研究了遗忘的规律。他通过实验，提出了著名的艾宾浩斯遗忘曲线（图2-1）。

艾宾浩斯的实验结果表明：在熟记13个无意义的音节时，经过0.33小时，会遗忘掉所学内容的41.8%，1小时后忘掉55.8%，8.8小时后忘掉64.2%；1天后忘掉66.3%，2天后忘掉72.2%，6天后忘掉74.6%，31天后忘掉78.9%。遗忘规律是"先快后慢"。遗忘是与识记同时发生的，开始很快，逐渐放慢，最终维持在一定水平上。❶

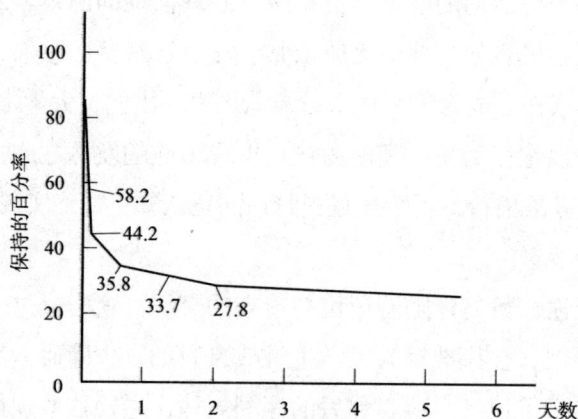

图2-1　艾宾浩斯遗忘曲线

---

❶ 袁克俭，彭新波. 大学生心理健康教育［M］. 西安：陕西师范大学出版社，2006：74.

3.培养记忆能力的策略

（1）正确运用记忆与遗忘的规律。根据艾宾浩斯的实验结果，遗忘的进程是不均衡的。在识记后最初的一段时间内遗忘得比较快，而后逐渐变慢。因此，大学生在学习过程中要掌握这一遗忘规律，结合自己的实际经验，学会与遗忘做斗争。具体可采取以下一些提高记忆效果的策略。

①及时复习。在学习之后应立即复习，加强记忆。复习时间的分配应该是先密后稀，即开始复习时，间隔时间要短，次数要多，以后间隔可逐渐拉长。例如，学习的第一天后进行第一次复习，三天后再复习一次，再下一次的复习可安排在一周后。

②复习方法要多样化。复习的方式方法要尽量多样化，不必总是按固定顺序从头到尾复习，应当重点复习那些难于记忆、易于遗忘的知识，而且每次复习在内容上必须有所开拓，最重要的知识要在新的水平上和新的联系中加以复习。

③交替复习相似知识。前后学习知识的性质越相似，记忆效果就越差。因此，大学生在复习时，要避免连续学习相类似的知识，注意性质不同的知识的交替复习。在学习某一知识以后，应当适当休息，再去学习另一种知识，以免知识间的相互影响和相互干扰。

④调动各种感官协同活动。现代科学研究证明，单靠听觉每分钟仅能接收 100 多个单词，而视觉传达的速度是听觉的 2 倍。如果视觉和听觉同时起作用，传达的速度则是听觉的 10 倍。同时参加活动的感官越多，则越有利于提高记忆的效果。因此，大学生在学习时应注意调动各种感官协同活动。例如，记忆外语单词时，可以采取边念边写的方式，从而牢牢记住。

（2）掌握常见的记忆方法。常见的记忆方法如下：

①联想记忆法。联想，作为一种强大的记忆工具，其激发的深刻印象往往让人难以忘怀。大学生在学习新知时，应巧妙地将新知识与已有知识框架相连，利用接近联想、类似联想或对比联想等方式，构建知识的桥梁。比如，背诵诗词时，通过词句间的逻辑与韵律关联加深记忆；学习外

语时，利用同义词、近义词、反义词的相互关系，编织记忆的网络，使学习更加高效。

②理解记忆法。大学生在求知过程中，应积极探求知识的本质与内涵，揭示事物间的内在联系与规律，将新知识融入既有的知识体系之中。这种深度整合不仅有助于记忆的巩固与扩展，更为知识的灵活应用奠定了坚实的基础。

③回想记忆法。利用回想技巧强化记忆，是提升记忆力的有效途径。每日就寝前，大学生可尝试回顾当日经历的关键片段，通过不断练习，逐步扩大回想的时间跨度，以此锻炼大脑的记忆检索能力，提高记忆的持久性。

④组织记忆法。根据个人兴趣与学习需求，对知识进行合理组织与整合，是提升记忆效率的关键。大学生可以通过编写提纲、绘制图表等方式，将零散的知识点系统化、结构化，这一过程中，对知识的深入分析与综合理解是先决条件。

⑤边读边背法。将阅读与背诵巧妙结合，是提高记忆效率的创新方法。在记忆外语单词、短语等内容时，交替进行阅读与试背，不仅能够即时检验记忆效果，明确记忆盲点，还能够通过重复刺激保持大脑活跃度，有效延缓遗忘进程。这种方法通过即时反馈与针对性强化，使学习过程变得更加高效且富有成果。

（三）大学生创造能力的培养

创造能力，简而言之，便是运用既有知识信息，创造出既新颖独特又富含社会价值或个人价值的成果的能力。这些成果可能体现为革命性的理念、设想、理论，也可能是技术革新、工艺改进乃至全新的物质产品。值得注意的是，个体的智力水平与创造能力之间，并非是简单的线性正相关。通常情况下，拥有中等以上的智力基础是创造力发展的先决条件，而卓越的创造力则更多地在这一智力层次的人群中涌现。

针对大学生群体而言，受长期应试教育体制、专业划分过细导致的知识面局限、技能培养不足，以及缺乏系统性思维训练等多重因素制约，不少学生展现出学习创新精神匮乏、创新学习能力有待提升的现状。这提示我们，在教育实践中，应更加注重培养学生的综合素质，拓宽知识视野，强化创新思维与实践能力的培养，来激发并提升大学生的创造能力。

　　创造能力的培养涉及面较广，因此措施和方法也较多。以下只阐述几种主要的措施与方法。

　　1. 积极培育良好的创造环境

　　（1）多进行相互讨论。当多位智者携手并肩，针对同一议题集思广益时，其汇聚的认知能量往往远超个体之力。鉴于此，大学生应积极投身于与他人的交流探讨之中，以此作为提升学习效率的有效途径。通过相互讨论与协作，不仅能够拓宽对问题理解的广度与深度，激发创造性思维的火花，还能在思想的碰撞中相互启迪，实现优势互补。在这一过程中，学生不仅能从同伴那里汲取宝贵经验，弥补自身不足，还能在展现个人长处时收获成就感，进而增强学习的自信心与积极性。总之，团队学习与合作交流对于促进大学生全面发展、提升学习效率具有不可估量的价值。

　　（2）参与形式多样的课外活动。高校精心构建的多元化社团体系与丰富多彩的课外活动，为学生们搭建了一个展现自我、探索未知的广阔舞台。学生们参与其中，不仅能够根据个人兴趣拓展爱好领域，还能够在轻松愉快的氛围中拓宽知识视野，构建起跨学科的知识网络。这种对广泛兴趣的培养与知识面的拓展，如同肥沃的土壤，为创新的种子提供了生根发芽的温床。在社团与课外活动的滋养下，学生们更易于被激发出创造力，让思维的火花在碰撞中闪耀，为未来的学术研究与个人发展播下无限可能。

　　（3）接受创造教育指导。在当前的教育环境下，多所高校已前瞻性地设立了创造学专项课程及与专业深度融合的特色创造教育课程，旨在培养学生的创新思维与实践能力。同时，教师队伍中不乏热心于创造教育的专家学者，他们不仅传授知识，更积极引领，通过组织发明创造协会、创意工作坊等一系列活动，为学生搭建起实践与创新的桥梁。面对如此丰富的资源与支持，大学生们应当把握住这一宝贵机遇，积极参与创造能力的培训与指导，勇于探索未知，敢于挑战自我，不断提升个人的创新思维与实践能力。

2.努力培养良好的创造个性

创造能力是一个多维度的概念，它融合了智力、认知风格、价值观、目标导向、信念及策略等多重要素。其中，非智力因素如认知风格、价值观、目的、信念及策略等，对创造力的发挥起着重要的作用。心理学领域的深入探索揭示了创造个性与非智力因素之间的紧密联系，指出那些具备勇敢、冒险精神、幽默感、独立性、坚持不懈及严谨态度等特质的个体，往往能展现出更为卓越的创造力。

针对日本160位杰出科学家与发明家的调查研究进一步印证了这一点：他们共同展现出了非凡的恒心、毅力、强烈的求知欲、勇于尝试的精神、鲜明的独立性与独创性以及充沛的活力与干劲。这些非智力因素在他们取得卓越成就的过程中发挥了不可或缺的作用，突显了其在创造力培养中的核心地位。❶

因此，对于追求高创造力的大学生而言，积极塑造与培养自身的良好创造个性显得尤为重要。这包括培养坚韧不拔的毅力、保持对知识的渴望与好奇、勇于探索未知领域、坚持独立思考与创新，并始终以饱满的热情与专注的态度投入到学习与研究中。通过这些努力，大学生不仅能够提升自身的创造力水平，还能够在未来的学术与职业生涯中取得更加辉煌的成就。

3.努力培养发散思维能力

复合思维与发散思维属于两种不同的认知风格。在复合思维的指导下，个体面临认知任务的时候，总是会收集所有相关信息，考虑各种相关因素，最后提出一种解决问题的方法。而在发散思维的指导下，当解决某一认知问题的方法和结果不仅限于一种时，个体能想出多种不同的方法去解决问题或给出关于某问题的多种答案。这主要是因为，发散思维是人们

---

❶ 李汉华.大学生心理健康教育 [M].北京：北京理工大学出版社，2011：66.

沿着不同的方向思考，重组眼前的信息和记忆系统中储存的信息，产生大量独特的新思想的思维方式。发散思维能力与创造能力有着非常密切的关系，发散思维能力的提高有助于创造能力的提高。一些发散思维训练，如一题多解等，能够有效地提高大学生的发散思维能力。

4. 积极参加科学研究，培养科研能力

在当今这个日新月异的时代，众多开创性的成果往往源自科研的深耕细作。对于大学生而言，投身于科研活动不仅是探索未知、挑战自我的宝贵机会，更是培养严谨科学态度、锤炼创造能力的有效途径。通过科研实践，大学生能够学会如何以实事求是的精神面对问题，掌握科学研究的基本步骤与方法，为未来的科研生涯奠定坚实的基础。

高等教育的核心使命之一，便是培育既具备专业知识又擅长技术应用的复合型人才。当课堂所学能够无缝对接到社会生产实践的科研课题，知识的价值便得以最大化体现，学生的学习兴趣与积极性也将被极大激发，进而推动教学目标的高效达成。因此，高校在引导大学生参与科研时，应特别强调理论与实践的深度融合，鼓励学生将理论知识转化为解决实际问题的能力，实现知识向生产力的转化，为社会进步贡献青春力量。

二、大学生的学习策略

学习策略是指学习者在学习过程中有效的学习规则、方法、技巧及调控方式。具体来说，大学生的学习策略主要有以下几种。

（一）明确学习目标

大学生要明确学习目标，不断强化学习的自觉性。大学生应当明确大学四年的总目标，并结合当前社会对人才的要求和自己所学专业等实际情况，详细规划每一学年、每一学期的学习目标。当有了明确的学习目标和方向，大学生才能踏上追求成功的步伐。

（二）制订学习计划

大学生在规划学业旅程时，制定一份周详的学习计划显得尤为重要。一个明确且具有吸引力的目标，是驱动学习动力的源泉，而详细的学习计划则能够将这一愿景转化为实际行动。当大学生精心策划出涵盖学期、每月、每周乃至每日具体安排的学习路线图时，他们便能够有条不紊地踏上追求目标的征途。这份计划如同导航灯塔，指引着大学生在知识的海洋中稳步航行，使得每一次前进都坚实有力，逐步接近心中的理想彼岸。

（三）参加校园文化活动

大学生应积极投身于丰富多彩的校园文化活动中，让求知欲在实践与探索中得以点燃。当学生们沉浸在自己热爱的课程之中时，学习便不再是一种负担，而是一种享受，一种自觉的追求。面对那些起初或许并不吸引自己的学科，大学生们应勇于尝试从新的视角，挖掘其中的趣味与价值，让兴趣的种子在心中生根发芽。

大学校园这片充满活力与创意的沃土，为学子们提供了广阔的舞台。各式各样的文化活动，如同一场场知识的盛宴，等待着每一位探索者的参与。大学生们应根据个人兴趣，精心挑选那些能够激发求知欲、增强学习动力的活动，让每一次参与都成为一次成长的飞跃。

尤为值得一提的是，兴趣具有迁移的魔力。在某一领域内的热爱与投入，往往会不经意间点燃大学生对其他领域的探索欲望。因此，大学生们在享受自己感兴趣的活动时，不妨也让这份热情蔓延至其他未知领域，让兴趣成为推动全面发展的不竭动力。如此，大学生活将因兴趣的引领而更加丰富多彩，学习之路也将因兴趣的陪伴而更加坚定与快乐。

（四）合理归因

大学生在求学路上，面对成功与失败的种种体验，需掌握合理归因的艺术，来维持并激发持续的学习动力。学习成果的好坏虽受成功与失败经历的影响，但这种影响绝非决定性的。关键在于，大学生应学会从多角度审视成败，既要考虑能力、努力等内在因素，也不可忽视任务难度、外界助力或偶然运气等外在条件。

在这之中，能力、任务难度及他人影响被视为影响学习动机的稳定因素，它们往往能长期作用于学生的心态与行为；而努力与运气则相对不稳定，可能随情境变化而波动。心理学家卡温特的洞见尤为深刻，他指出学生自我归因的倾向存在积极与消极之别：那些倾向于将成败归因于个人努力与责任，并持有乐观态度的学生，被视为求成型学生；反之，若将成败归咎于自身能力不足或外部条件不利，且心态悲观，则归为避败型学生。

　　因此，大学生应积极培养求成型心态，学会在成功时谦逊自省，在失败时坚韧不拔，合理归因，以积极心态面对每一次挑战与机遇，从而在学习之路上稳健前行。

第三章　高校大学生的人际交往心理

第一节　大学生人际交往概述

大学生处于生活转变的关键时期，建立良好的人际关系对他们而言，是十分重要、十分紧迫的问题。

一、大学生人际交往的基本特征

（一）对情感需求的注重

大学生的人际交往，往往洋溢着纯真与坦诚的气息。在这一群体中，交往的动机大多源自内心真挚的情感需求，而非外在的功利考量。他们深切渴望建立真诚无瑕的友谊，视情感交流与心灵契合为交往的核心。这种追求，不仅体现在彼此间消除孤独、寻求陪伴的温暖，更在于那份对纯粹情感满足的深切向往。同时，随着大学生的成长，他们对于与异性建立更深层次的关系，乃至探索爱情的奥秘，也抱有自然且健康的兴趣与需求。这一切，共同构成了大学生人际交往中丰富多彩的情感画卷。

（二）愿望的迫切性

正值青春年华的大学生，以其活跃的思维、充沛的精力与广泛的兴趣，展现出了对人际交往的极度渴望与需求。他们视人际交往为探索世界、理解他人、融入社会的桥梁，通过这一途径，他们努力寻求着对外部世界的深刻理解，并期望从中获得珍贵的友谊与情感支持。在这个过程中，大学生不仅追求物质层面的满足，更渴望在精神上得到充实与提升，他们期望自己的思想、情感与价值观能够得到他人的认可、接纳、尊重与理解。

因此，对于大学生而言，拥有良好的人际交往机会与平台显得尤为重要。这不仅是他们满足社交需求、建立人际关系网的关键，更是他们实现自我认知、成长与发展的重要途径。在这个过程中，大学生将不断探索与尝试，以更加开放、包容的心态去拥抱这个多彩的世界，同时也为自己的未来奠定坚实的人际基础。

（三）平等性

在多数大学生的观念中，人际交往应当建立在平等的基础之上，这一信念根植于他们日益增强的自我意识之中。随着自我认知的深化，大学生们愈发重视关系的纯粹性，倾向于避免利益冲突，强烈呼唤平等交往的氛围。他们认识到，尽管个体间存在着家庭背景、性格特质等多方面的差异，但这并不应成为人际交往中不平等的理由。相反，大学生们在互动过程中，往往自觉追求平等的机会、过程及结果，展现出对公平与尊重的高度重视。

这种平等交往的追求，不仅体现在大学生对待他人的态度上——他们期望以平等、尊重他人的方式与每一个人建立联系；同时也映射出他们内心的期望，即希望自己在人际交往中同样能够受到公正对待，获得应有的尊重与理解。因此，可以说，大学生群体对于平等交往的坚守，既是对个人尊严的维护，又是对和谐人际关系构建的贡献。

（四）多元化

如今，大学生人际交往的多元化，主要体现在以下两方面。

1. 手段的多元化

在当下这个日新月异的信息化时代，互联网的飞速发展如同一张无形的网，将世界紧密相连，也为大学生的社交生活开辟了前所未有的广阔天地。他们不再局限于传统的交往模式，而是拥有了更多元、更便捷的交往渠道。在校园内外，大学生可以通过丰富多彩的社团活动、联谊活动以及文体竞赛等面对面交流的机会，增进彼此的了解与友谊。

然而，更为显著的变化在于，网络的普及让大学生的交往空间与平台得到了前所未有的拓展。他们只需轻点鼠标或滑动屏幕，便能跨越地理界限，与世界各地的人们建立联系。这种基于网络的交往方式，不仅极大地缩短了人与人之间的距离，使得沟通变得即时而高效，还极大地拓宽了大学生的社交圈子，让他们有机会接触到更多元化的思想与文化。

2. 内容的多元化

大学生群体以其旺盛的求知欲为显著特征，对自然界与社会现象保持着高度的关注与好奇。这种强烈的探索欲不仅体现在他们对知识的渴求上，也深刻影响着他们的人际交往内容。在交往过程中，大学生不是仅满足于情感的交流、友情的建立以及爱情的追求，他们更渴望在互动中分享与获取专业知识、前沿信息以及各自感兴趣的话题。

因此，大学生的人际交往呈现出内容丰富、形式多样的特点。他们围绕着学业、兴趣、理想等多个维度展开讨论，彼此启发，共同进步。这种深入的交流不仅满足了他们获取新知的渴望，也促进了个人视野的拓宽与思维能力的提升。在这个过程中，大学生们相互学习，共同成长，为彼此的人生旅程增添了宝贵的财富。

二、大学生人际交往的类型

大学生在人际交往中，按照不同的标准可划分为不同的类型，其具体如下所述。

（一）以交往对象为标准

1. 与同学之间的交往

在大学生的社交图谱中，同学无疑是最为基础且核心的交往对象。他们之间的交往不仅广泛存在，而且构成了大学生人际交往的主体部分。这种交往的普遍性源于同学们相似的年龄、经历与爱好，以及共同的学习与生活环境，使得彼此间易于建立联系，相处融洽。

然而，同学间的交往亦不乏复杂性。每个人的生活习惯、个性特征千差万别，加之频繁的互动与缺乏处理人际关系的经验，往往会在不经意间引发矛盾与冲突。这些差异与挑战考验着同学们的包容与理解能力，要求他们在尊重彼此差异的同时，学会有效沟通与协调。

尽管表面上，大学生同学间的交往多呈现和谐景象，但深入观察不难发现，真正达到亲密关系层次的交往并不多见。这反映出在日常交往中，双方往往缺乏深层次的真诚关心与相互理解，这影响了关系的进一步深化。

2. 与家庭成员之间的交往

家庭是人们内心深处最温柔的牵挂。随着大学生活的开启，大学生们逐渐步入了成人的行列，这一身份的转变在家庭中也得到了鲜明的体现。父母开始以更加成熟和独立的视角来审视自己的孩子，这种转变不仅赋予了大学生更多的自主空间，也让他们在家庭中的地位变得更加重要、更受尊重。

然而，地理上的距离却成为了大学生与家庭之间不得不面对的现实。多数大学生离开家乡，前往远方的学府求学，与家人相聚的时光变得格外珍贵。通信技术的发达成为了他们维系亲情的桥梁，无论是电话、短信还是视频通话，都成为了他们表达思念与关怀的重要方式。而每年的寒暑假，则成为了他们归家的期盼。这段时间里，与家人共度的每一刻都显得尤为温馨和宝贵。

尽管见面的机会减少了，但大学生与家庭成员之间的交往却并未因此疏远，反而变得更加融洽。这种变化或许源自对彼此更加珍惜，也或许是因为在各自独立的空间里，双方都有了更多的自我反思与成长，从而能够更加理解和包容对方。无论如何，家庭始终是大学生心中最坚实的后盾，是他们勇往直前、追求梦想的力量源泉。

3. 与教师之间的交往

在大学这一学术殿堂中，教师不仅是知识的传递者，更是大学生成长道路上的重要引路人，他们的角色多元且深刻。从某种意义上说，大学教师构成了大学生人际交往中不可或缺的一环。在思想品德的塑造与知识体系的构建上，教师与学生的交往发挥着关键的作用。

由于大学教育更加注重学生的自主学习与探索，教师与学生的日常接触频率相对较低，这种变化在一定程度上影响了师生间的互动深度。此外，大学教育的专业性更强，交往内容更多体现专业知识的传授与学术探讨，这在丰富学生专业知识的同时，也可能导致师生间情感交流的相对不足。

尽管如此，我们不能忽视师生情感交流的重要性。良好的师生关系不仅能够激发学生的学习动力，促进其全面发展，还能够在学生遇到困难时提供及时的支持与帮助。因此，大学教师应努力创造更多与学生互动的机会，不只限于课堂之内，还可延伸至课外，通过多样化的形式增进师生间的了解与信任，促进情感交流的深化。同时，学生也应主动与教师建立联系，珍惜每一次交流的机会，勇于表达自己的想法与困惑，共同构建和谐、积极的师生关系。

（二）以交往意愿为标准

1. 主动型

处于这种人际交往类型中的大学生，通常会对人际交往有着较为深刻的认识，而且表现出较大的交往兴趣和热情。他们总是踊跃参加学生社团活动，并且经常会主动投身于一些社会活动，从而在参加各种活动中进行交往。

2. 被动型

处于被动型人际交往的大学生，通常会不满意过去封闭的交往形式，十分渴望真诚的交往对象与深厚的情感。但是，由于自身的性格、过往的经历等因素的影响，使得他们在交往过程中较少地主动进行交往。

3. 沉静型

一些大学生习惯过平静的生活，加之性格比较孤僻，因此平日少言寡语、不善交往，只和极少数人保持交往。当然，这种类型的大学生相对而言较少。

三、大学生人际交往的影响因素

大学生在人际交往和良好人际关系建立的过程中，总是会或多或少地受到一些因素的影响。下面列出几种主要的大学生人际交往的影响因素。

（一）时间和空间因素

时间与空间因素在人际关系构建中尤为重要。从时间维度来看，交往机会的多少与频率的高低直接影响着双方相互了解的程度。频繁而密集的交往为双方提供了更多的机会深入了解对方的思想、情感与生活方式，从而奠定了建立紧密人际关系的基础。相反，若交往机会稀缺、交往频率低，双方则可能因缺乏必要的沟通与互动而难以形成深厚的情谊。

空间因素同样不容忽视。物理距离的远近直接关联着交往的便利性与可能性。当交往双方身处相近的空间环境时，如同住一宿舍的大学生，他们因日常生活的高度重叠而拥有了大量的共同经历与话题。这种紧密的空间联系促使他们频繁交流、共同体验，自然而然地加深了彼此间的情感纽带，使得建立密切关系变得水到渠成。反之，若双方相隔遥远，即便有心交往，也可能因实际困难而难以维系深厚的情谊。

以同住一宿舍的大学生为例，他们共同的生活节奏与日常活动为频繁交往提供了天然的条件。无论是共进餐食、共同学习还是夜晚共眠，这些看似平凡的日常瞬间却成为了他们相互了解、增进友谊的宝贵时机。在共同经历的累积下，他们逐渐形成了默契与共识，找到了共同的兴趣与追求，从而构建起了一段段温馨而紧密的人际关系。

（二）认知因素

认知，作为个体探索与理解外部世界的内在过程，深刻影响着大学生在人际交往中的表现。在这一复杂互动中，认知因素涵盖了自我认知、对他人认知以及对交往本质的深刻理解。

首先，自我认知是人际交往的前提。一个合理、客观的自我评价，能够促使大学生在交往中保持适度的自信与谦逊，既不过于张扬也不过分自卑。过高的自我评价可能导致在交往中表现出傲慢与不尊重，而低估自我则可能引发社交回避，错失建立深厚关系的机会。

其次，对他人的认知同样重要。理解并尊重他人的独特性、需求与感受，是构建和谐人际关系的关键。通过积极倾听与观察，大学生能够更准确地把握他人的思想与情感状态，从而在交往中展现出更多的同理心与包容性。

最后，对交往本身的认知也是不容忽视的一环。人际交往本质上是双方相互满足需求、共同成长的过程。大学生需要认识到，在追求个人目标的同时，也应关注并尊重对方的需求与期望。若一味追求自我满足而忽视对方的感受，必将导致交往的失衡与障碍。

在这里我们重点分析一下对他人的认知问题。大学生对他人的认知偏差，会严重影响他们人际交往的顺利程度。在认知偏差的过程中，大学生主要存在着以下三种心理效应。

1. 晕轮效应

晕轮效应这一心理学现象，以其独特的魅力如同光环般环绕在人们的认知周围，又常被形象地比喻为"月晕效应"。其核心在于，人们往往倾向于依据个体的某一显著特质或成就，来泛化、夸大并推断其在其他方面的能力与品质。这种推断往往带有无意识的主观色彩，可能导致对个体评价的偏颇。

在日常生活中，晕轮效应屡见不鲜，它像一把双刃剑，既能让人们在初次接触时迅速建立起对某人或某事的良好印象，也可能因为一叶障目而不见泰山，忽视了个体的多面性与复杂性。在大学生的人际交往中，这种效应尤为显著。他们可能会因为对方的一个微笑、一次热情的帮助，就对其全盘肯定，认为对方在各方面都值得信赖与尊重；反之，也可能因一次误解或冲突，就对对方全盘否定，忽视了对方可能具备的其他优点与潜力。

为了克服晕轮效应带来的偏见与局限，大学生应当学会更加全面、客观地看待周围的人与事。这意味着，在面对新的人际关系时，不应仅凭初步印象或个别事件就轻易下结论，而应通过持续的观察与交流，逐步构建对对方全面而深入的了解。同时，保持开放的心态与批判性的思维，勇于质疑自己的第一印象与既有观念，努力避免主观臆断与片面评价。只有这样，才能在复杂多变的人际交往中保持清醒的头脑与准确的判断力，建立起真正基于理解与尊重的深厚友谊。

2. 首因效应

这是指在社会认知过程中，第一印象对人的认知有着十分重要的影响。大学生在人际交往过程中，总是关注在一开始所能感受到的，如对方的容貌、声音、身材等，而对之后所接触到的却不太注重。一旦有人在初次见面时给大学生留下不好的印象，这种印象便会在相当长的一段时间内影响大学生对其诸多行为的感觉。

有一名心理学家做过一项实验：把被试者分为两个组，然后让两组人都看同一张照片。不过，这名心理学家在进行实验时，对甲组的被试者说这张照片里的人是一个屡教不改的罪犯，而对乙组说这是一位十分著名的科学家。在看完照片后，他让两组被试者按照这个人的外貌来分析其性格特征。最后，甲组被试者基本上都这样强调：深陷的眼睛藏着险恶，高耸的额头表明了他死不改悔的决心。乙组被试者则认为：深沉的目光表明他思维深邃，高耸的额头说明了科学家探索的意志。通过这个实验我们可以看出：假如第一印象给人形成的是肯定的心理定式，那么就会让人在以后的了解过程中，多偏向发掘其良好的品质；而如果第一印象形成的是否定的心理定式，那么就会使人在以后的了解中多偏向于揭露其不良的品质。❶

因此，首因效应之所以属于一种认知偏差，其实就是由于第一印象所产生的信息是极为有限的，并且不一定真实可靠。大学生认知具有综合性，应当随着时间的变化、认识的深入，将不全面的信息都联系起来，以形成一定程度的整体印象。不过，大学生在与人初次进行交往时，在注意

---

❶ 吴春磊，沈娟．试析"首因效应"与大学生学习动机之间的关系［J］．教育与职业，2011（18）：187-188.

别人之时，也要注意自己给他人留下良好的印象，即一方面要注重自己的言谈举止，另一方面也要注意自己的仪态。

3. 近因效应

近因效应，作为人际交往中的一种心理现象，它强调了在交往过程中最新获得的信息对整体印象形成的巨大影响力。与首因效应不同，近因效应更常见于彼此较为熟悉的关系中，它如同一股新鲜的力量，能够显著改变并可能主导我们对一个人的整体看法。这种效应的产生，往往是因为最近的信息更为强烈且鲜活，从而在记忆中留下了深刻烙印，不经意间冲淡了过往累积的印象。

在日常生活里，我们不难发现近因效应的踪迹：一个人可能因为最近的一次小失误而被暂时掩盖了过往的诸多成就；一段多年的友情，也可能因最近的一次激烈争执而蒙上阴影，甚至走向破裂。对于大学生而言，在人际交往的舞台上，既要重视良好的开端，为关系奠定坚实的基础，更要时刻关注自己在交往中的言行举止，使每一次互动都能为关系增添正面价值。

为了有效减弱近因效应的负面影响，促进人际关系的稳健发展，大学生应当积极采取以下策略：

①始终保持开放与真诚的态度，以理解和尊重为前提，与对方进行深入沟通。当误解或冲突发生时，不回避、不激化，而是主动寻求解决之道，通过真诚的对话来澄清事实、消除隔阂。

②注重日常交往中的细节管理，每一次交流、每一次帮助、每一次关怀，都是构建稳定关系不可或缺的砖石。通过持续传递正能量，可以逐渐抵消近因效应带来的短暂冲击，让关系在时间的洗礼下愈发坚固。

总之，大学生在人际交往中应当时刻警醒近因效应的存在，通过积极的沟通、真诚的态度和持续的努力来维护和发展已建立的关系，让友谊之树在风雨中茁壮成长。

第二节　大学生常见的人际交往问题及调适

在大学阶段，大学生在生理上已经具备了成年人的体格及种种生理功能，但在心理上还没有完全成熟，还处于走向成熟的关键期。在人际交往过程中，大学生往往存在着一些严重的社交心理问题，这使交往受到阻碍。对于这种情况，大学生应当正确对待，不可逃避，要学会一定的调适方法，使自己拥有良好的人际关系。这里主要对大学生群体中常见的人际交往问题及调适进行介绍。

一、自卑心理及调适

（一）自卑心理概述

自卑，是一种深植于个体内心的情感体验，它源于个体对自身能力、形象或品质的负面评价，认为自己在某些方面相较于他人存在不足。这种情感状态，有时也被视为性格结构中的一种缺陷，它悄无声息地影响着个体的行为与态度。

深受自卑困扰的大学生，在人际交往的舞台上往往显得尤为敏感，总在退缩。他们倾向于过低地估量自己的价值，无论是外在形象、内在能力还是道德品质，都难逃自我贬低的魔咒。这种自我怀疑使得他们在社交场合中缺乏自信，行事风格趋于保守谨慎，甚至不惜以逃避人群的方式来规避潜在的挫败感，这在无形中错失了许多个人成长与展现自我的宝贵机会。

更为甚者，自卑者常常陷入一种不健康的比较陷阱之中，他们习惯于将自己的短板与他人的长处相对照，这种不切实际的比较方式无疑加剧了他们的自我否定情绪。每一次这样的内心交锋，都是对自信的一次沉重打击，让他们在人前愈发自惭形秽，内心充满了悲观与失望。

对于大学生而言，自卑心理如同一副沉重的枷锁，不仅束缚了他们的社交步伐，更在他们学习与生活的各个方面投下了浓重的阴影。它增加了精神负担，干扰了正常的人际互动，长此以往，甚至可能影响到个人的心理健康与全面发展。

（二）大学生人际交往自卑心理的调适方法

第一，大学生应当学会自我审视，以客观、全面的视角认识自己。这意味着不仅要看到自己的不足，更要敏锐地发现并肯定自己的长处与成就。通过记录自己的成功经历、设立个人成就簿等方式，不断提醒自己过往的努力与收获，从而建立起更加积极的自我认知。

第二，培养乐观向上的生活态度是增强自信的关键。大学生应积极寻找生活中的美好与乐趣，学会感恩与珍惜。通过参与积极向上的活动，如户外运动、志愿服务等，让自己的生活充满阳光与活力。同时，保持开放的心态，勇于接受新事物、新挑战，不断拓宽自己的视野与经历。

第三，积极的自我暗示是一种强大的心理工具。大学生可以每天花几分钟时间，对自己进行正面的心理暗示，如"我拥有克服一切困难的力量""我能够自信地面对每一个挑战"等。这些话语如同内心的灯塔，指引着我们向更加自信的方向前行。

第四，将自信融入日常行为之中，是培养自信心的有效途径。大学生可以从简单的社交技巧入手，如与人交谈时保持眼神交流、提高音量、清晰有力地表达等。此外，勇于主动发起对话、积极参与团队活动、敢于承担领导角色等，都是锻炼自信心的宝贵机会。通过这些实践，大学生可以逐渐克服自卑心理，展现出更加自信、从容的风采。

二、孤僻心理及调适

（一）孤僻心理概述

孤僻，这一心理状态表现为个体性格上的孤独与疏离，使得他们在人际交往中显得格格不入，难以融入集体。对于部分大学生而言，出于种种原因，他们可能在学习与生活中逐渐丧失了与人交往的兴趣与愿望，转而选择自我封闭，沉浸在自己的小世界里，久而久之，便可能形成严重的孤僻心理。

孤僻心理如同一道无形的墙，将大学生与外界隔绝开来。他们不再愿意主动与人交谈，对集体活动也失去了热情。渐渐地，他们的言语变得稀少，情感趋于冷淡，社交能力逐渐退化。更为严重的是，孤僻心理还可能导致大学生对他人产生深刻的不信任感，他们时刻保持警惕，对外界充满戒备，这种过度的自我保护机制让他们在人际交往中显得难以捉摸，从而难以建立深厚的友谊。

长此以往，孤僻心理不仅剥夺了大学生的社交乐趣，还可能对他们的心理健康造成深远影响。自我封闭的状态加剧了他们的孤立感，使得他们在行为上更加谨慎小心，处处设防，这种过度紧张的状态进一步破坏了人际关系的和谐，形成了一个恶性循环。

（二）大学生人际交往孤僻心理的调适方法

第一，大学生应勇于打破内心的桎梏，减轻思想上的顾虑。要意识到孤僻与封闭并非解决问题的良策，而应主动迈出步伐，积极参与到人际交往中来。通过实际行动，逐步改变原有的心理定式，以更加开放和积极的态度面对周围的人与环境。

第二，学会恰当地自我暴露是建立深厚人际关系的关键。这意味着大学生需要勇于敞开心扉，主动分享自己的想法、感受与经历。只有当别人有机会真正了解你时，他们才能基于这份了解给予你理解、接纳与亲近。因此，不要害怕展现真实的自我，因为真诚是人际交往中最宝贵的品质之一。

第三，培养充分表达自己欲望和情感的能力。在集体中，大学生应当勇于表达自己的观点和需求，让自己的声音被听见。同时，也要学会倾听他人的声音，理解并尊重彼此的差异。通过真诚、坦率地交流，不仅能够增进彼此的了解与信任，还能促进集体氛围的和谐与融洽。

第四，大学生在与同学的交往中应展现出真诚与关怀。多关心他人的感受与需要，主动伸出援手提供帮助。这种以心换心、以情换情的交往方式，能够迅速拉近彼此的距离，让对方感受到你的温暖与善意。长此以往，你自然会赢得他人的尊重与喜爱，成为集体中不可或缺的一员。

三、恐惧心理及调适

（一）恐惧心理概述

恐惧，作为一种复杂的情绪体验，常使个体在面对特定情境时感到无力逃脱或回避。在人际交往的舞台上，这种情绪往往表现为害羞、面红耳赤、言语颤抖以及对社交场合的深深畏惧。社交恐惧，作为恐惧心理在社交领域的一种具体表现，其根源复杂多样，主要可划分为气质性恐惧与挫折恐惧两大类别。

气质性恐惧，根植于个体的先天性格特质之中，尤其常见于具有抑郁气质类型的人群。这类人往往天生内向、孤僻，对人际交往抱有天然的胆怯与不安，仿佛一道无形的屏障，将他们与周围的世界隔绝开来。

而挫折恐惧，则是后天经历与突发事件共同作用下的产物。当个体遭遇生活中的意外变故或挑战时，若未能妥善处理，便可能在其心中种下恐惧的种子。这种恐惧不仅针对特定事件本身，更可能泛化至社交领域，导致个体在人际交往中失去自信，步步为营，生怕再次遭遇失败与嘲笑。

对大学生来说，社交恐惧心理的滋生往往与多重因素交织相关。一方面，缺乏社会实践与锻炼机会，使得他们在面对人际交往时显得生疏与不安，担心表现不佳，自己会成为他人嘲笑的对象，进而引发心理失衡。另一方面，强烈的自尊心与对成功的过度渴望也是不可忽视的诱因。大学生往往对自己寄予厚望，不愿接受任何形式的失败，这种压力在无形中放大了对社交失败的恐惧感，最终形成难以逾越的心理障碍。

（二）大学生人际交往恐惧心理的调适方法

第一，树立正确的交往观念。大学生应认识到，人际交往是双向的，每个人都有其独特之处，包括优点与不足。因此，无须过分苛求自己在每一次交往中都能表现得尽善尽美。保持一种平和的心态，真诚待人，自然能赢得他人的尊重与喜爱。在交往中，勇于展现真实的自我，不必刻意追求完美，这样反而能更加轻松地与他人建立联系。

第二，合理调整期望值。建立人际关系是一个循序渐进的过程，不可能一蹴而就。大学生在寻求建立新关系时，应避免急功近利的心态，而是要耐心积累交往经验。可以从熟悉的人开始，逐步扩大社交圈子，逐渐适应与不同类型的人群交往。在这个过程中，要学会自我接纳，克服自卑心理，相信自己的价值与能力。

第三，自我暗示法是一种有效的心理调适手段。当恐惧情绪袭来时，大学生可以运用积极的言辞进行自我激励。比如，在心中默念"我不害怕""我能行""我不比别人差"等话语，以此来增强自信心，减少对他人评价的过度关注。通过积极的自我暗示，可以逐渐改变消极的思维模式，以更加乐观、自信的态度面对人际交往中的挑战。

四、嫉妒心理及调适

（一）嫉妒心理概述

嫉妒，这一复杂而微妙的情感，源自个体在面对他人成功而自己未能达到相同成就时的心理落差。它融合了羞愧、愤怒与怨恨等多种情绪，构成了一种消极的心理状态。嫉妒的根源，往往深植于两种认知误区之中：一是将他人的成功绝对化为自己的失败，忽视了成功的多元性与相对性；二是将他人的成就视为对自己利益的直接威胁，忽略了合作共赢的可能性。

嫉妒，实则是比较心理的产物，它促使个体不自觉地将自己的才能、品德、外貌、名誉、地位等与他人进行不恰当地比较，这种失衡的比较往往会导致心理压力增大，进而引发一系列消极的内心体验。值得注意的是，嫉妒并非全然负面，适度的嫉妒能够激发个体的进取心，成为推动个人成长与进步的动力。然而，当嫉妒演变为过度的情绪时，它便如同一把双刃剑，伤人亦伤己，不仅损害了个体的心理健康，还可能对人际关系造成不可逆转的破坏。

大学生的嫉妒心理危害尤为显著。它不仅抑制了大学生的进取心与自信心，让他们陷入自我怀疑与否定之中，还破坏了校园生活的和谐氛围，阻碍了人际交往的健康发展。部分大学生在嫉妒的驱使下，可能选择逃避竞争，将问题归咎于他人，而非正视自身不足，积极寻求进步。这种行为模式不仅无益于个人成长，还可能对整个校园文化产生负面影响。

因此，大学生应学会正视并克服嫉妒心理。这要求他们培养正确的自我认知与价值观，认识到每个人的成功路径都是独一无二的，不应盲目与他人比较。同时，积极寻求自我提升的途径，将嫉妒转化为前进的动力，以更加开放和包容的心态面对他人的成功与成就。

（二）大学生人际交往嫉妒心理的调适方法

第一，建立全面而客观的对比视角。大学生在进行比较时，应秉持一种全面而平衡的视角。不仅要看到他人的优点和自身的不足，更要发掘并认可自己的长处和对方可能存在的局限性。避免一味地将自己置于劣势位置，学会欣赏自己的独特价值。

第二，调整认知，树立正确的成败观。大学生需要深刻认识到，他人的成功并不等同于自己的失败，也不构成对自己的直接威胁。成功与失败是相对的，每个人都有其独特的成长轨迹和成功标准。因此，应将他人的成就视为一种激励，而非压力源。大学生应学会从他人的成功中汲取经验，将其作为自己前进的动力，努力提升自我，获得属于自己的成功。

第三，保持积极心态，引导嫉妒情绪向正面转化。在面对比自己优秀的人时，大学生应保持一颗平和而积极的心。尝试将嫉妒的情绪转化为自我提升的动力，将"不服气"转化为"我要做得更好"的决心。认识到在任何一个群体中，个体差异是必然存在的，接受并尊重这种差异，应将注意力集中在如何提升自己上，而非在无休止地与他人比较上。

第四，深入剖析自我，积极塑造良好性格。大学生应勇于面对并承认自己在性格上的不足，特别是那些可能导致嫉妒心理的弱点。通过自我反思和持续努力，逐渐塑造出更加健康、积极的性格特征。这包括培养不慕虚荣、心胸宽广、坚韧不拔和自信自强的品质。当性格更加成熟和稳定时，嫉妒心理自然会得到有效的抑制和消除。

五、猜疑心理及调适

（一）猜疑心理概述

猜疑，作为一种源自主观臆测的不信任情感，深刻地影响着个体的心理体验与人际交往。在大学生群体中，猜疑心理如同一道无形的屏障，阻碍了彼此间的真诚沟通与理解，不仅削弱了同学间的紧密联系，还可能引发不必要的误会与冲突，使得原本和谐的校园氛围蒙上阴影。

面对猜疑心重的人，周围的人往往感到困惑与无奈，因为他们发现难以通过简单的行动或言语来消除对方的疑虑，这种无形的压力迫使许多人选择与他们保持距离，从而避免麻烦。

深究猜疑心理的根源，可归纳为以下几点：

第一，思维方式的封闭性是关键因素之一。当个体的信息获取渠道狭窄，缺乏广泛的认知基础时，他们便容易依赖于有限的信息进行自我解释与推理，从而陷入自我设定的逻辑陷阱，产生不必要的猜疑。

第二，信任的缺失是猜疑心理的温床。在人际交往中，若双方之间缺乏信任基础，任何细微的举动就都有可能被解读为潜在的威胁或欺骗，进而滋生猜疑情绪。

第三，过往的交往挫折经历也是不可忽视的原因。当个体在人际交往中遭遇过背叛、欺骗等负面事件时，他们可能会因此建立起一道心理防线，对他人保持高度警惕，甚至拒绝进一步的交往尝试。这种心理防卫机制虽能在一定程度上保护个体免受再次伤害，但同时也限制了其社交圈的拓展与深化。

（二）大学生人际交往猜疑心理的调适方法

第一，增进对他人的全面了解。大学生应当认识到，对陌生人保持一定的防备心理是正常的，但过度的猜疑则会阻碍正常的社交发展。因此，在交往中，大学生应主动了解他人，通过细致的观察和深入的交流，把握对方的性格特点、处事方式等关键信息。只有建立了全面、准确的认识，才能有效减少因信息不对称而产生的猜疑。

第二，理性分析信息来源。在接收关于他人的信息时，大学生应保持冷静和理性的态度，对信息及其来源进行仔细地鉴别。不应轻易相信未经核实的传闻或谣言，尤其要警惕那些可能出于个人目的而散布不实信息的人。通过培养自己的批判性思维能力，大学生可以更加准确地判断信息的真伪，从而避免被误导或陷入无端的猜疑之中。

第三，积极沟通消除疑虑。当心中产生疑虑时，大学生应避免陷入自我猜测的漩涡，主动采取行动，与所怀疑的对象进行及时地沟通。通过面对面的交流，可以更加直观地了解对方的真实想法和意图，从而消除心中的疑惑。在沟通过程中，大学生应保持开放和诚恳的态度，尊重对方的观点和感受，以建立更加充满信任的、稳固的人际关系。

第三节　大学生良好人际关系的构建

人际交往关乎大学生学习积极性与创造性的发挥，也影响着他们的心理健康。良好的人际交往，会产生积极的心理暗示，会使大学生心情舒畅地学习与生活。因此，大学生应注重培养自身的交往能力，努力构建良好的人际关系。

一、树立对人际关系的科学认识

人际关系，作为人际交往的深层体现，是人与人之间基于相互交往而形成的一种复杂而微妙的心理联结。它深刻地反映了个人或群体在追求社会与心理需求满足过程中的动态状态。人际关系的萌芽、演变与深化，直接决定了交往双方心理满足度的边界与层次。

对大学生来说，优化人际关系不仅是个人成长的必修课，还是通往社会和谐的桥梁。因此，树立对人际关系的科学认知很关键。健康、积极的人际关系应具备以下核心特征：

第一，开放与有效的沟通。交往双方能够建立起稳定且深入的沟通渠道，确保信息的透明流通与情感的真实表达。这种沟通不仅是言语上的交流，更涵盖了情感、思想乃至价值观的共鸣与碰撞，从而维系着双方紧密而真诚的联系。

第二，相互的关怀与支持。在健康的人际关系中，双方都能展现出对彼此成长与幸福的深切关注。这种关怀超越了表面的礼貌与客套，而是源自内心的真诚愿望，促使双方在彼此的生命旅程中成为不可或缺的助力者。

第三，合理与适度的期望。交往过程中，任何一方提出的要求或索求都应建立在尊重与理解的基础上，既不过分苛求也不无理拒绝。双方通过协商与妥协，找到彼此都能接受的平衡点，共同维护关系的和谐与稳定。

第四，对个体独立与自由的尊重。健康的人际关系强调个体的独立性与自由价值。双方不仅珍视自己的独立空间与选择权，也同样尊重对方的权利与自由。在相互依存的同时，保持适当的界限与距离，让关系在自由与尊重的氛围中茁壮成长。

二、优化人格特征，增强人际吸引力

大学生人际交往中出现的心理障碍如偏执、强迫、自负、多疑等都可归结为个人人格的表现。因此，要想改善人际关系，就应当注重改善不良人格，优化人格特征，以增强人际吸引力，建立良好的人际关系。

实践中采用社会测量、访问与观察的方法，对大学生的人际吸引进行分析，并归纳了"嫌弃型学生"与"人缘型学生"的人格特征。这两类学生的人格特征如表 3-1 所示（表中的人格特征按顺序依次排列）。

表3-1　"嫌弃型学生"与"人缘型学生"的人格特征

"嫌弃型学生"人格特征	"人缘型学生"人格特征
①以自我为中心，不考虑他人的处境和利益，嫉妒心强 ②对集体的工作缺乏责任感，敷衍，浮夸，不诚实 ③虚伪，固执，吹毛求疵 ④不尊重别人，操纵欲、支配欲强 ⑤淡漠，孤僻，不合群 ⑥敌意，猜疑，报复性格 ⑦行为古怪，喜怒无常，粗暴，神经质 ⑧狂妄自大，自命不凡	①尊重他人，关心他人，富有同情心 ②热心集体活动，工作可靠、负责 ③持重，耐心，忠厚老实 ④热情、开朗，喜欢交往，待人真诚 ⑤聪颖，爱独立思考，成绩优良，乐于助人 ⑥独立、谦逊 ⑦兴趣和爱好广泛 ⑧温文尔雅，端庄，仪表美

个体人格特征的形成，有先天的生理因素——气质特点作基础，更重要的是在后天的生活与教育中慢慢学习、培养起来的人格特征。尤其是那些好的人格特征，需要在生活的点点滴滴中进行有意识地培养与磨炼。

三、遵循合理的人际交往法则

在人际交往中，往往有一些法则能够帮助提高人际交往能力，改善人际关系。以下是两条较为著名的人际交往法则，大学生在人际交往中可以考虑这两条法则的合理运用。

（一）你希望别人如何对待你，你就如何对待别人

这条法则是美国著名的心理学家艾利斯（Ellis）提出的，是受到大家一致好评的人际交往的一条"黄金法则"。

在人际交往的广阔舞台上，大学生们有时会不自觉地陷入一种绝对化与理想化的思维误区，对他人及周遭环境提出过高且往往不切实际的要求。比如，"我以真心待你，你亦应同等回报"或是"所有人理应喜爱并接纳我"，这类想法虽源自对和谐关系的向往，却忽视了人际交往中复杂多变的现实因素。这种单向且绝对化的期待，往往难以在现实中得到满

足，实际上违背了人际交往中重要的"黄金法则"。

"黄金法则"的精髓在于其相互性与尊重性，它倡导的是一种换位思考与人人为我的理念——"你希望别人怎样对待你，你就应怎样对待别人"。这一法则鼓励大学生们在人际交往中摒弃以自我为中心的态度，转而采取一种更加包容、理解和体贴的视角去审视他人与世界。遵循"黄金法则"，意味着要认识到每个人都有其独特性与需求，理解并尊重这些差异，同时以积极、善意的方式去回应他人。

当大学生们开始实践这一法则时就会发现，原来人际交往并非想象中那般复杂与棘手。通过真诚地倾听、理解并回应他人的感受与需求，不仅能够建立起更加深厚与稳固的人际关系，还能在这一过程中收获成长与快乐。

（二）别人希望你怎样对待他们，你就怎样对待他们

在多元而丰富的大学生活中，每个学生都如同独一无二的星辰，拥有各自独特的习惯、视角与个性表达。从握手时微妙的力度与姿态，到处理事务时展现的逻辑与决断，乃至面对困扰时独特的排解之道，无一不深刻反映着个体的性格色彩与风格轮廓。

正是这些细微而真实的差异，构成了人际交往中一道道迷人的风景线。为了在这片多彩的人际丛林中游刃有余，大学生们不妨投入一些时间与精力，去细心观察并深入理解身边人的独特之处。这不仅包括他们外在的行为模式，更应触及那些塑造其个性的深层次因素。通过这样的观察，不仅能够更加精准地把握他人的个性风格，还能在交往中展现出更加贴心与恰当的自我。

当我们学会了根据对方的个性特点调整自己的沟通方式与行为策略，使之更加贴合对方的期待与感受时，一种难以言喻的和谐与默契便悄然滋生。这样的努力不仅能够赢得他人的认同与好感，更能在无形中构建起一道道坚实的信任桥梁，有效减少误解与冲突的产生，为人际关系的和谐与稳固奠定了基础。

四、构建成熟、健康的人际交往模式

大学生要建立良好的人际关系，就应当具有适度的自我价值感。自我价值感来源于对自己作为一个独特的个体而存在的固有价值的认识。只有具备独特的自我价值感，才能理解他人的独特价值，并懂得尊重他人。适度的自我价值感与人际交往的模式紧密相连，因此要想具备适度的自我价值感，以改善人际关系，还应当建立成熟、健康的人际交往模式。

个体对自己和他人所采取的态度，有四种人际交往模式："我不行、你行""我不行、你也不行""我行、你不行""我行、你也行"。在这四种人际交往模式中，前三种交往模式对人与人之间的关系起着极为不利的影响，严重损害着人们的心理健康和生活质量。最后一种模式则是成熟而健康的人际交往模式，能够合理改善人与人之间的关系。

（一）"我不行、你行"

该模式是一种常见的心理自卑者与他人的交往模式。在这一模式中，交往的一方深深地感到自己是无能和愚笨的。人在生命的初始是依赖于周围的人而生存的，与周围的成人相比，儿童常感到自己是无能的，因此在潜意识中就形成了"我不行、你行"的心理模式。

一些大学生由于在个体社会化的过程中，尚未完全摆脱儿时的这种心理行为模式，于是在人际关系中也常常表现出自卑心理，甚至出现社交恐惧。所以，处于这一行为模式下的大学生应当做出必要的改变。

（二）"我不行、你也不行"

在这种消极的人际交往模式中，交往者往往陷入自我贬低的泥潭，同时也对他人持有偏见，认为彼此都非出类拔萃。这种心态表现为自我厌恶与对他人的不屑并存，既缺乏自我接纳，也难以欣赏他人的优点。这种相互排斥的情感态度，导致交往者既难以爱自己，也无法真诚地关爱他人，更无法从他人那里获得情感的支持与共鸣。显然，持有这种心态的人，其人际关系往往陷入紧张与疏离之中，难以建立稳固而和谐的社交网络。

当代大学生中，认识到并摒弃这种消极的人际交往模式尤为重要。他

们应当积极寻求转变，努力构建一种健康、积极的人际交往模式。这要求大学生首先学会自我接纳与自我肯定，认识到每个人都有其独特的价值与闪光点，包括自己。同时，他们还应培养开放与包容的心态，学会欣赏他人的长处，尊重每个人的差异与多样性。

在人际交往中，大学生应勇于表达自己的情感与需求，同时也应倾听并理解他人的感受与立场。通过真诚的沟通与交流，增进彼此之间的了解与信任，从而建立起稳固而深厚的人际关系。此外，大学生还应学会处理冲突与分歧，以平和、理性的态度寻求共识与解决方案，避免争执与伤害。

（三）"我行、你不行"

在这种偏颇的人际交往模式中，交往者陷入了一种自我膨胀的状态，自认为凌驾于他人之上，内心充斥着不切实际的优越感。这种心态驱使他们以自我为中心，骄傲自满，对人对事都抱有一种自以为是的态度。他们往往固执己见，难以接受他人的观点与建议。他们倾向于将所有的人际交往失败归咎于外界因素，尤其是他人，而忽视了自我反省与成长的重要性。

大学生的这种交往模式无疑是建立良好人际关系的巨大障碍。它不仅阻碍了个人在社交场合中真诚交流与学习的机会，还可能引发冲突与误解，破坏和谐的人际关系网。

因此，大学生应当自觉摒弃这种优越感驱动的人际交往模式，转而追求一种更加平等、互相尊重与理解的交往方式。这意味着要学会放下身段，以谦逊的心态倾听他人的声音，尊重每个人的独特性与价值。

（四）"我行、你也行"

相较于上述三种存在明显缺陷的人际交往模式，这里所探讨的是一种成熟、稳健且充满正能量的交往范式，它汇聚了理性、理解、宽容与接纳等高尚品质，堪称人际交往中的理想典范。

在这种健康的交往模式中，个体展现出了高度的自我认知与对他人的信任。他们不仅自信满满，坚信自己的价值与能力，同时也对他人抱有正面的期待与信任，相信人性中的善良与美好。这种相互的信任与尊重，为他们的人际交往奠定了坚实的基础。

爱己及人，是这一模式的核心理念。个体在珍爱自己的同时，也不忘将这份爱传递给周围的人。他们懂得欣赏自己的独特之处，同时也善于发现并赞美他人的优点，从而营造出一种温馨、和谐的人际氛围。

面对现实，他们保持着清醒的头脑与客观的态度。既不会盲目乐观，也不会消极悲观，而是能够理性地分析问题，寻求解决方案。对于能够改变的事物，他们勇于尝试，不懈努力；对于无法改变的事实，他们则坦然接受，学会放下。

正是这种积极、乐观、进取、和谐的心理状态，使得他们能够在人际交往中游刃有余，赢得他人的尊重与喜爱。对于大学生而言，积极构建并践行这种健康的人际交往模式，无疑将为他们的校园生活增添无限光彩，同时也为他们未来的社会交往奠定坚实的基础。因此，我们应当大力倡导并实践这一交往模式，让它在更广泛的人群中生根发芽，绽放出更加鲜艳的花朵。

五、掌握良好的人际交往技巧

人际交往的技巧，是指在一定知识和经济基础上形成的交往技能。掌握好这些技巧，能够有效地处理人际关系中的问题，从而拥有良好的人际关系。人际交往的技巧有着丰富的内涵和科学性，大学生必须学会和掌握好人际交往的技巧，以适应自己的成长和发展。当然，人际交往技巧并不是一朝一夕就可以学成的，需要付出一定的时间和精力，认真学习。以下是大学生应当尽量掌握的几种人际交往技巧。

（一）委婉含蓄的技巧

委婉与含蓄，作为语言艺术中的瑰宝，其魅力在于对人性细腻的体察与尊重，巧妙地维护了每个人的自尊与尊严，避免了尴尬与冲突。在日常生活的舞台上，"心直口快"虽展现出一种未经雕琢的真诚与直率，但往往因缺乏深思熟虑而无意中触碰了他人的敏感神经，容易引发误解乃至给对方造成伤害，从而破坏了和谐的人际关系。

鉴于此，大学生在人际交往的广阔天地里，除了坚守正直与诚实外，更应精研语言的艺术，掌握委婉含蓄的表达技巧。这不仅是个人修养的体现，更是构建和谐人际关系的智慧之选。具体而言，大学生在言谈间应注重以下四点：

第一，亲切入微。在指出他人不足时，应选择恰当的角度与措辞，言辞温柔，让忠言不再刺耳，良药亦不觉苦涩。以一颗关怀之心，用亲切的话语搭建起理解与沟通的桥梁，拉近心与心的距离。

第二，得体有度。言辞之间，分寸感很重要。既不夸大其词以博眼球，也不紧抓小错不放，给他人留有余地。避免在公开场合直接揭露他人短处，以维护每个人的尊严与体面，让对话在尊重与理解中流畅进行。

第三，顺耳悦心。面对不同意见时，保持开放与包容的心态，以平和而非挑衅的语气表达个人看法。即使不认同对方的观点，也应以理服人，而非以言压人，让对话成为思想碰撞与智慧交融的契机。

第四，文雅不俗。追求语言的美感与深度，让每一句话都充满智慧与韵味。避免低俗与粗鄙，用高雅的词汇与恰当的修辞，展现个人的文化底蕴与良好教养，让交流成为一种享受而非负担。

（二）谈话的技巧

在人际交往的广阔舞台上，交谈对话犹如一条纽带，紧密连接着每一个参与者。它不仅是信息传递的载体，更是情感交流的桥梁。对于渴望改善人际关系的大学生而言，掌握高效的交谈艺术显得尤为重要。这不仅关乎谈话内容的深度与广度，更在于方式方法的巧妙运用。

在交谈过程中，大学生应深刻认识到，每一场对话都是一场双向的互动盛宴，每个人都是这场盛宴中的叙述者与倾听者。因此，保持交谈的双向性尤为重要。这意味着在表达自己思想的同时，也要敏锐捕捉对方的情绪与反应，适时调整自己的言辞与节奏。

为了提升交谈的质量与效率，大学生有必要掌握以下谈话技巧：

第一，尊重对方的话语权是基础，避免随意打断或抢话，让每一次交流都能成为双方思想的自由碰撞。

第二，保持适度的自我约束，避免独白式的滔滔不绝，而应关注对方的眼神、表情及肢体语言，给予他们充分的表达空间。

第三，集中注意力，保证信息的准确接收，减少误解与重复，使对话更加流畅高效。

第四，谨慎对待每一个观点与现象，避免轻率下结论或冒充专家，以真诚与谦逊的态度促进对话的深入与拓展。

（三）倾听的技巧

倾听，这门细腻而深刻的艺术，远不止于耳膜的振动与言语的捕捉，它是一场心灵的触碰，是全身心地融入对方话语与情感世界的旅程。在人际关系的微妙编织中，学会倾听，无疑就掌握了那把开启理解与共鸣之门的金钥匙。

我们将无限的耐心投身于倾听之中，不仅是在尊重对方的表达，更是在无形中为对方的自尊心披上了一层温暖的光辉。这份耐心，如同春日暖阳，让对话者感受到被重视与理解的温暖，从而在双方之间搭建起信任的桥梁，让情感的河流得以畅通无阻地流淌。反之，若我们急于打断或流露出不耐烦，这无异于在对方心中投下阴霾，损害的不仅是当前的对话氛围，更是未来交往的基础。

因此，真正的倾听者，需怀揣一颗虚心，不以自我为中心，即使面对异议或错误，也能保持开放与包容的态度，避免无谓的争辩，守护住那份难能可贵的和谐与亲近。在这样的氛围中，每一次交流都将成为一次心灵的洗礼，让双方都能在相互的理解与尊重中成长。

而会心倾听，则是倾听艺术的巅峰体现。它要求我们不仅是被动的接收器，更是积极的参与者，通过眼神的交流、适时的点头与简短的回应，向对方传递出"我在这里，我听见了你，我理解你"的强烈信号。这种默契与共鸣，如同夜空中最亮的星，照亮彼此的心房，让对话不仅是言语的交换，更触及灵魂深处。

第一节　高校大学生情绪困扰与调适

一、大学生情绪与情绪困扰

（一）大学生的情绪特点

1. 情绪的冲动性

大学生正处于人生充满活力与探索的时期，他们对周遭世界充满好奇，情绪体验尤为丰富且深刻，常常展现出一种不加掩饰的热情与激情，情绪变化直接映照于面庞之上。这种情绪的直接性，既体现了青春的纯真与直接，也具有潜在的风险。面对新鲜事物，大学生们往往能迅速反应，加之体内旺盛的精力，使得他们的情绪世界如同潮水般奔涌激荡。尽管他们已具备一定的理智与自我约束能力，但在某些情境下，情绪的冲动性仍可能如脱缰野马般难以驾驭，引发一系列不良后果，诸如集体冲突、擅自离校等行为，皆是情绪失控的具象体现。

情绪冲动的特质，实则是大学生生理与心理交织作用的产物。随着性成熟期的到来，性激素的激增如同一股不可忽视的力量，通过复杂的生理机制影响着下丘脑的活动，使得这一情绪调控的关键区域变得更为敏感。

然而，大脑皮层的成熟与调控能力尚不足以迅速适应这种生理变化，导致皮层与皮层下结构之间出现了一种微妙的失衡状态。加之大学生心理发展的步伐相较于生理发展略显滞后，心理调节机制尚不健全，面对外界环境的快速变化时，他们往往缺乏足够的弹性与应变能力，难以有效调节内心世界的波澜起伏。这种生理与心理的双重不平衡，为情绪的冲动性埋下了伏笔，使得大学生在情绪表达上更容易显得冲动与难以预测。

2. 情绪的两极性明显

在情绪表现的维度上，大学生群体展现出了独特而鲜明的特点。他们的情绪如同波涛汹涌的海浪，时而冲上高峰，时而跌落谷底，这种极端的情绪波动使得他们的积极性也起伏不定，宛如一叶扁舟，在情绪的海洋中摇曳。这种情绪的急剧变化，不仅影响了他们的日常行为与决策，也在一定程度上塑造了他们对待生活的态度与方式。

更为显著的是，大学生的情绪活动往往缺乏持久的稳定性。那些曾经激发他们无限热情的激情与冲动，往往如同昙花一现，难以持久。随着认知标准与环境因素的不断变化，他们的情绪也会调整方向，展现出一种灵活却可能显得不够坚定的特质。这种情绪上的易变性，既是他们思维活跃、适应性强的体现，也可能成为他们在追求长期目标与坚持自我信念上所面临的挑战。

3. 情绪活动心境化

当大学生的情绪被外界刺激所触动，即便最初的刺激源已逐渐淡出，其情绪状态会有所缓和，却往往以一种更为持久的形式——心境——渗透进他们的日常生活，对后续的活动持续施加着微妙而深远的影响。这种情绪的心境化现象，在大学生群体中尤为普遍，它使得焦虑、自卑等不良情绪得以在无形中蔓延，成为影响他们心理状态不可忽视的因素。

值得注意的是，大学生情绪的心境化倾向，与他们丰富而活跃的想象力密不可分。作为一群充满理想与憧憬的青年，大学生在面对现实情境时，往往不由自主地展开幻想的翅膀，将现实与想象交织在一起。这种独特的思维特点，使得由刺激引发的情绪反应不仅受到事件本身的直接作用，更在想象的催化下被无限放大与延长。想象如同一位无形的画师，为情绪反应添上了浓墨重彩的一笔，让情绪的色彩更加鲜明，也让其持续时间远超预期。

4. 情绪的压抑性

大学是大学生们情感最丰富、最强烈的时期，同时也是一个充满压力和冲突的时期，而这往往会导致大学生压抑情绪。导致大学生情绪压抑性的原因主要有两个，一是大学生正好处在人格发展的"自我同一性"阶段上，其内心自身的矛盾冲突处于剧烈阶段；二是在实际生活环境中，大学生遇到了诸多问题，他们的需要没能得到满足。

5. 情绪的内隐性与文饰性

大学生的情绪世界，如同一幅复杂多变的画卷，既有着直观外显的一面，也不乏深藏不露的细腻层次。在某些时刻，他们的情绪如同溪流，清澈见底，一目了然，如考试取得佳绩或赢得比赛后的喜悦之情，不加掩饰地洋溢于面庞之上。然而，随着年岁的增长与经历的丰富，大学生所面临的挑战也日益多元，从学习压力到友情、爱情的探索，再到对未来职业与人生道路的深刻思考，这一系列成长课题无一不在悄然塑造着他们的内心世界。

在这一过程中，大学生的情绪表达开始展现出更为复杂的方面。他们学会了将一部分真实的内心体验深埋心底，转而以一种更为内敛、含蓄的方式呈现自己。这种内隐性，使得他们的情绪不再总是直接外露，而是需要通过更加细腻的观察与理解方能洞察。有时，他们甚至会在外在表现与内心体验之间构筑起一道微妙的屏障，以文饰性的方式处理自己的情绪，展现出一种看似矛盾却又不失深度的情感状态。比如，在公开场合下，即便两位男女大学生心中暗生情愫，也可能出于种种考虑而选择保持冷漠的外表，以掩饰内心的波澜。

这种情绪表达的内隐性与文饰性，正是大学生心理成熟度提升的一种体现。它要求我们在与大学生们交往时，不仅要关注其外在的行为表现，更要学会倾听那些未说出口的心声，以更加全面、深入的方式理解他们的情感世界。

（二）大学生情绪的构成

情绪是个体与环境、事物之间关系的反映，它具有独特的主观体验和外部表现形式，对人的活动有着非常重要的影响。当代大学生是社会上最活跃敏感的人群，他们的心理和生理都处在迅速的变化之中；同时又面临着竞争、社会责任等方面的压力，大学生活中的复杂的人际关系等不良的刺激也对大学生个体构成心理压力。❶ 大学生的情绪主要由四个部分构成，分别是生理变化、主观感觉、表情与行为冲动。

1. 生理变化

情绪，这一深植于人类心灵的微妙现象，不仅承载着丰富的心理体验，更伴随着一系列错综复杂的生理变化，这些变化构成了情绪生理反应的基础。情绪生理反应，作为情绪状态在生物体内部的直接映射，其背后涉及到一个庞大而精密的神经与生理系统网络。

这一网络横跨中枢神经与外周神经两大领域，从深藏于颅内的脑干、中央灰质、丘脑，到负责情绪处理的关键区域，如杏仁核、下丘脑、蓝斑、松果体，再到调控高级认知功能的前额皮层，每一个节点都在情绪生理反应中扮演着不可或缺的角色。同时，这一反应还延伸至外周神经系统，以及参与调节体内平衡的内、外分泌腺，共同编织出一幅情绪与生理相互交织的图景。

情绪生理反应的多样性，恰如情绪的丰富多彩。当个体体验到满意与愉悦时，生理层面往往呈现出一种和谐与平静的状态，心跳节律保持正常，呼吸平缓而均匀，仿佛大自然中的一股清泉，滋养着心灵的每一个角落。然而，当恐惧或愤怒如潮水般涌来，生理反应就会迅速切换至应激模式：心跳如鼓点般加速，血压攀升，呼吸变得急促而沉重，甚至可能出现短暂的停滞，仿佛身体也在为即将到来的挑战做着最后的准备。而在痛苦

---

❶ 周春明，徐萍. 大学生心理健康［M］. 北京：北京理工大学出版社. 2009：
208.

与悲伤的笼罩下，血管仿佛失去了往日的弹性，容积悄然缩小，映射出内心深处的无助与沉重。

2. 主观感觉

主观体验，作为个体内心世界的一面镜子，深刻映射着每个人对不同情绪与情感状态的独特感知。这种感知超越了外在行为的范畴，直抵心灵的深处，是情绪与情感最为私密而真实的表达。每种情绪都携带着其独特的主观色彩，它们如同调色盘上的斑斓色彩，共同绘制出人类情感世界的丰富图景。

这些主观体验不仅多彩多姿，更蕴含着深刻的两极性特征。它们或积极昂扬，如同春日暖阳般明媚，激发着人们内心的活力与创造力，促使我们勇往直前，积极探索未知的世界；或消极低沉，宛如秋日落叶般萧瑟，削弱着我们的行动力与自信心，让我们在困境中徘徊不前。在紧张与轻松、激动与平静、强烈与微弱之间，主观体验以其独特的韵律，调节着我们的心理状态，影响着我们的行为选择。

尤为值得注意的是，积极的主观体验如同心灵的燃料，为我们的行动注入不竭的动力。当我们沉浸在愉快的感受中时，内心被一股无形的力量所驱使，促使我们更加积极地投身于生活与工作之中，追求梦想，实现价值。相反，消极的主观体验则可能成为心灵的枷锁，束缚着我们的手脚，让我们在犹豫与彷徨中错失良机，甚至陷入自我否定的深渊。

3. 表情

表情是情绪和情感状态发生时身体各个部分的动作量化形式，包括面部表情、姿态表情和语调表情。情绪的外部表现涉及发声、共鸣的技巧，还涉及语态、手势语、身势语等诸多方面。人在交往时，不论是否面对面，都在不断表达着情绪。表情向交往的人提供着刺激。而对方对刺激予以反应，做出"应答性"的表情。社会心理学家关心的正是人们如何在情绪上表达自己，以及如何确切地从别人处识别情绪。识别并非针对表情本身，而是针对它背后的意义。

4.行为冲动

在探讨大学生情绪与行为之间的微妙关系时，我们不难发现，情绪如同一位无形的指挥家，深刻影响着个体的行为反应。大学生的行为倾向映射出情绪与行为之间错综复杂的相互作用。

面对不同的情绪色彩，大学生行为因情绪而发生的反应大致可分为以下三类。

（1）攻击性行为。当负面情绪如愤怒、恐惧、悲伤或紧张等累积至难以承受的程度时，个体可能选择通过攻击行为来寻求情绪的释放。这种攻击可能直接针对情绪的源头，即那些引发负面情绪的人或事，也可能以间接的方式展现，如破坏物品或迁怒于无辜者。尽管这种行为能在短时间内带来情绪上的暂时缓解，但其长远后果往往是不利的，可能会加剧人际关系的紧张与冲突。

（2）退缩行为。在面对委屈、沮丧或恐惧等负面情绪时，大学生有时会选择采取消极避世的策略，即退缩行为。他们可能会尽量避免与那些触发负面情绪的人或情境接触，以此作为自我保护的方式。虽然这种策略能在短期内帮助个体逃离不愉快的情绪体验，但从长远来看，它可能导致个体逐渐与社会脱节，负面情绪在潜意识中不断累积，最终可能以更猛烈的形式爆发。

（3）固执行为。这一行为模式既可能源于正向情绪的激励，也可能在负面情绪的驱使下产生。当个体沉浸在高兴、喜欢、骄傲或关爱等积极情绪中时，他们倾向于重复那些能带来愉快体验的行为，以此维持并加深这种情绪状态。然而，固执行为并非总是由正向情绪驱动，有时在逆反心理的作用下，个体也可能在如挫败感或不满的负面情绪的驱使下坚持己见，固执于自己原本的行为模式，拒绝接受改变或妥协。

二、大学生常见的情绪困扰与调适

（一）大学生常见的情绪困扰

1. 焦虑

焦虑本质是一种深层次的情感反应，往往源自对未来不确定性的担忧或对自我价值受到潜在挑战的预感。它是一种融合了紧张、恐惧与忧虑的复合情绪体验，当个体预见到可能遭遇的不利后果时，这种不安感便油然而生。在大学生群体中，焦虑情绪尤为常见，尤其是在学业、职业规划及人际情感等方面面临挑战或压力时，焦虑便如同一位不速之客，悄然侵入他们的心田。

大学生常见的焦虑形态多样，包括自我形象焦虑、学习焦虑、情感焦虑等。这些焦虑状态不仅关乎对外在表现与成就的追求，更触及个体内心深处对自我价值与归属感的深刻探索。适度的焦虑，如同一位鞭策者，能够激发大学生的内在动力，促使他们更加专注于目标，保持适度的紧张与警觉，从而在学习与成长之路上稳步前行。然而，一旦焦虑情绪越过界限，演变为过度焦虑，其负面影响便不容忽视。它不仅会侵蚀个体的心理健康，导致持续的紧张不安、恐惧与混乱，还可能引发一系列生理上的不适，如头痛、失眠、食欲减退及消化系统问题等，严重干扰了大学生的日常生活与学习状态。

更深层次地剖析，焦虑往往是内心矛盾与冲突的外在表现，是个体在面对自我认知与外界期望之间的巨大鸿沟时，所采取的一种防御机制。它像一面镜子，映照出个体内心深处对于不确定性的恐惧、对于失败的担忧以及对自我价值的不确定感。因此，对大学生来讲，学会正视并管理自己的焦虑情绪，是维护心理健康的关键，更是实现个人成长与发展的重要一步。通过寻求专业心理咨询、培养积极应对压力的策略、建立健康的生活方式以及加强自我认知与接纳，大学生可以逐步走出焦虑的阴霾，拥抱更加光明与自信的未来。

2. 冷漠

冷漠，这一心理状态，表现为个体对外界刺激呈现出一种近乎无动于衷的反应模式，仿佛生活中的喜怒哀乐、离合悲欢都难以触动其情感的波澜。在这种状态下，个体对周遭的人、事、物往往采取一种漠不关心、冷淡疏离的态度，甚至对于自身的前途命运乃至国家大事也显得漠然。这种态度是一种外在的行为表现；在更深层次上，它反映了个体内心的一种消极逃避机制，是对内心复杂情感与压力的一种压抑与回避。

在大学生群体中，冷漠情绪尤为值得关注。有些大学生可能会表现出对集体活动的冷淡参与、对同学关系的疏远，以及对个人未来规划的忽视，仿佛自己已超脱于世俗纷扰之外，独自行走于社会的边缘。然而，这种表面的超脱与平静之下，往往隐藏着孤寂、压抑与痛苦。这种内心的挣扎与冲突，若长期得不到有效地释放与解决，就如同一座蓄势待发的火山，一旦情感的堤坝决堤，便可能以极端的形式爆发出来，对个体的心理健康造成严重的冲击。

3. 自卑

自卑源于个体在自我认知过程中对自身能力与价值的过度低估，表现为对自我能力或品质的深深怀疑与轻视。这种内在的情感体验，往往伴随着对他人评价的过度关注，以及对可能失去尊重的深切忧虑。自卑感深重的学生，情绪常笼罩于阴霾之下，对周遭的一切事物都失去了应有的热情与活力，参与各类活动与任务的积极性大打折扣，甚至在学习探索的道路上也显得踟蹰不前，害怕提问，害怕展现自己的不足。

这种自卑情结如同一条无形的锁链，束缚着个体的成长与发展。它不仅在心理上造成了沉重的负担，让学生在面对挑战时缺乏自信、犹豫不决；也在能力上限制了他们潜能的发挥，使他们在实践中难以迈出决定性的一步；而在学习上，自卑感更可能促使学生陷入自我设限的怪圈，回避难题，畏惧提问，从而错失了许多宝贵的学习机会。

长期的自卑情绪还会对个体的性格塑造产生深远影响。自卑的学生往往表现出行为上的畏缩与保守，他们在做决定时瞻前顾后、犹豫不决，难以果断行动。同时，他们可能变得多愁善感，对他人的一言一行都异常敏感，自尊心异常脆弱，任何微小的批评或忽视都可能让他们深受打击。这种性格特征不仅影响了他们的社交能力，还阻碍了他们在学业、事业乃至个人生活中的全面发展。

4.抑郁

抑郁症是一种复杂的心理状态，其表现远远超出了单一的情绪范畴，而是情绪、认知与行为特征的综合体现。其核心症状之一，便是难以名状的压抑感，仿佛患者被一股无形的力量拖入了一个深不见底的黑暗深渊，体验着被淹没与窒息的绝望。在这种情绪状态下，患者可能变得异常易怒，情绪波动剧烈，时而愤怒，时而又被深重的负罪感所笼罩。

抑郁症患者往往还伴随着焦虑情绪，对生活中的一切活动都失去了往日的兴趣与热情，仿佛世界失去了色彩，只剩下无尽的灰暗。他们渴望独处，希望能在自己的小世界里找到一丝安宁，但这种逃避往往只能暂时缓解痛苦，而无法从根本上解决问题。

在认知层面，抑郁症也带来了显著的变化。患者的注意力难以集中，记忆力减退，决策能力下降，思维变得迟缓而混乱。他们开始以消极的眼光审视周围的世界，对自我、未来充满了悲观与绝望。这种思维方式的转变，进一步加剧了他们的抑郁情绪，形成了一种恶性循环。

从个体特征来看，抑郁症更易侵袭那些性格内向、孤僻、敏感多疑、依赖性强、不善交际的人群。对于大学生而言，生活的种种挑战与压力都可能成为诱发抑郁症的导火索。无论是遭遇学业挫折、人际关系紧张、专业选择不当，还是失恋等情感问题，都可能成为压垮他们的最后一根稻草。

（二）大学生情绪困扰的危害

1.影响生活质量，导致精神痛苦

情绪作为人的精神内容和形式，作为人的态度和行为，如同人需要空气、水分、阳光一样重要。人若被不良情绪长期缠绕，那将是人生的不幸。抑郁使人被阴影笼罩，忧愁使人整日不得开心，焦虑使人惶惶如临大难，怨愤使人怒火中烧、苦不堪言……如此，何谈事业有成，何谈人生幸福？

2. 干扰学习过程，影响才智发挥

心理学研究证明，积极情绪是推动学习的动力，消极情绪则影响才智的发挥。心理良好、乐观开朗，大脑就容易处于激活和兴奋状态，就能够创造性地学习。反之，则会思维受阻，智力水平下降。同时，情绪还会影响学习态度。情绪高涨、富于热情，会促使人去探索研究；反之，就会不思进取，放弃学习。

3. 判断力下降，形成认知偏差

人若带着不良情绪看事物，就如同戴着有色眼镜看世界，必然产生偏见和错觉，被假象、表象所迷惑，从而影响个人成长和成材。情绪的变化，使人对同一事物的认识也往往大相径庭；当然，对事物的态度、对知识的理解、对教育的反应也不一样。

4. 难以融入集体

一般来说，冷漠、自卑、脆弱、紧张等心理本身具有闭锁性特征，难以接纳别人，也难以被别人所接纳。因此，情绪不良者多为人际关系不良、落寞惆怅者，他们往往缺乏朋友，孤独寂寞，很难融入集体。

（三）大学生情绪困扰的调适

情绪智力是评价一个人做人的能力的重要参数。所谓情绪智力，是一个人把握与控制自己的情绪的能力；了解、疏导与驾驭别人情绪的能力；乐观面对人生、自我激励与自我管理的能力；面对困境与挫折的承受能力；人际关系的处理能力及通过情绪的自我调节不断提高生存质量的能力。人的智商与情绪智力相互制约，互相促进，分工不同。

现代心理学的研究成果表明，在决定一个人成功的要素之中，智商起大约 20% 的作用，而其余 80% 的因素则是情商。"情商"即"情绪智力商数"，指人的情绪智力的高低程度。仅仅具有高智商难以成就大业，只有智商和情绪智力都高的人，才能在现代社会里自由翱翔。古今中外，无

数实例反复证明：良好的心理素质，是一个人成败的决定性条件。❶

　　情绪智力教育是人生修养的重要内容，它能使人们在工作学习中达观开朗、精神清爽；它能使人们在人际交往中更具魅力、广结人缘；它更能使人们自我激励，从而把许多"不可能"变成现实。培养大学生的情绪智力主要有以下这些方法途径：

　　1. 提高修养水平

　　鼓励大学生通过阅读、旅行、参与社会实践等方式拓宽视野，培养高远的志向与博大的胸怀。这样，学生更能够从宏观和长远的视角审视问题，不易被琐事所困，能够以更加平和的心态面对生活中的得失与起伏。

　　2. 培养容人之心

　　教导大学生学会用包容的心态看待他人的缺点与过失，理解每个人都有其独特性和局限性。通过培养容人之心，不仅能够减少人际冲突，还能促进团队合作与人际关系的和谐，为个人成长创造更加积极的环境。

　　3. 增强适应能力

　　面对生活的多变与挑战，引导大学生学会灵活应对，培养适应不同情境的能力。通过参与挑战性活动、模拟逆境训练等方式，提升他们的心理韧性，使他们在面对挫折时能够保持积极乐观的态度，迅速调整心态，恢复信心。

　　4. 学会转换心情

　　教导大学生掌握情绪调节的技巧，如正念冥想、深呼吸练习等，以帮助他们在遭遇不愉快事件时能够迅速转换心情，从而避免负面情绪的累积与蔓延。同时，鼓励他们培养兴趣爱好，寻找能够带来快乐与满足感的活动，以此作为情绪调节的有效途径。

　　5. 加强自我激励

　　引导大学生根据自身实际情况设定合理、可达成的目标，并在此过程

---

❶ 窦胜功，徐忠波，张兴杰，等.大学生的情商测评及培养对策［J］.东北大学学报：社会科学版，2002（4）：295.

中不断进行自我激励。通过正面反馈、"小步快跑"的方式逐步接近目标，增强自信心与成就感。同时，培养成长型思维，鼓励大学生将挑战视为成长的机会，勇于尝试与探索未知领域。

（四）做自己情绪的主宰者

情绪，作为人类内心世界的晴雨表，深植于我们的思想之中。思想，这一无形却强大的驱动力，塑造并影响着我们的情绪体验。简言之，思想是情绪的源泉，二者紧密相连，相互映照。正因如此，我们并非情绪的被动接受者，而是拥有主动调节情绪的力量。

当我们有意识地引导思维在事物的积极面向时，内心便会被温暖而正面的情绪所充盈；反之，若任由思绪沉溺于消极的细节，则难免被负面情绪所笼罩。因此，保持精神愉悦的关键，在于我们如何驾驭自己的思想之舵，让心灵之舟驶向光明与希望的海域。

有些人之所以是情绪管理的高手，并非因为他们完全免于情绪的困扰，而是因为他们拥有独到的视角与智慧，并能够理性地审视情绪问题，采取有效的策略来维护内心的平和与喜悦。他们教会我们，面对情绪的风浪，重要的不是逃避或抗拒，而是学会与之共舞，以积极的心态和有效的方法进行引导、转化。

心理学领域的研究成果为此提供了丰富的工具与方法，从认知重构到正念冥想，从情绪日记到放松训练，每一种方法都是通往情绪自主的桥梁。大学生作为充满活力与求知欲的群体，更应积极拥抱这些科学的情绪调节策略，根据自己的实际情况灵活应用，逐步培养起驾驭自己情绪的能力，成为自己情绪世界的主宰。

1. 合理宣泄

大学生活，虽常被概括为"三点一线"的规律作息，实则蕴含着丰富而细腻的情感波动与挑战。面对诸如友情缺失、自我价值感不足、经济压力以及未来规划迷茫等种种烦恼，大学生们若不及时疏导，这些情绪负担便可能如雪球般越滚越大，侵蚀着心灵的安宁。

在此情境下，合理的情绪宣泄成为了维护心理健康不可或缺的一环。

但需明确的是，宣泄并非放任自流或肆意发泄，而是需要智慧与自制力的平衡艺术。它要求我们在尊重自我感受的同时，也要考虑到对他人及环境的影响。

探索多样化的宣泄途径，每位大学生都能找到适合自己的那一把钥匙。有人偏好在自然或私密的空间中，通过放声呐喊的方式，将内心的郁结化作声声呼喊，让心灵得以释放。这种方式虽看似简单直接，却蕴含着强大的治愈力量。

另一些人则倾向于通过言语的交流来寻求慰藉。他们选择与亲朋好友促膝长谈，分享内心的困惑与不安。在这一过程中，不仅烦恼得到了倾诉，更重要的是，那份被理解与支持的温暖如同冬日里的阳光，照亮了前行的道路。

2. 转移调节

转移注意法是指把注意力从自己的消极情绪转移到其他方面上。心理学研究表明，当一个人产生某种情绪时，头脑中就会出现一个较强的兴奋区。这时，如果人们另外建立一个或几个兴奋区，就可以抵消或冲淡这个较强的兴奋区。转移可分为注意转移和行动转移。注意转移是指把注意力从自己的消极情绪转移到其他方面上；行动转移是指把怒气等消极情绪转移到其他积极活动中。例如，当怒发冲冠时，人们可以有意识地转移话题或做点别的事情来分散注意力，能够让情绪得以缓解；当悲伤、忧愁情绪出现时，人们可以先避开某种对象，不去想或将其遗忘，这样能够消忧解愁；还可以通过运动、娱乐、散步等活动使紧张情绪松弛下来。

当大学生心绪不佳、感到烦恼时，可以外出参加一些娱乐活动，换换环境、换个想法，通过新异刺激来忘却不良的情绪。大学生可以通过有意识地强迫自己转移注意力来调节情绪。转移注意力能够把注意力从引起不良情绪的事件转移到其他事件上，这样就改变了注意的焦点，意识被其他事件所占据，就不会再沉醉于消极的情绪中。人们可以做一些自己喜欢的事情，参与自己感兴趣的活动，诸如游戏、运动、上网、听音乐、和朋友相聚、看电影、享受一顿美食、读一本好书等有意义的活动，激发积极愉快的情绪反应。

3. 运动调节

运动是驱散不良情绪的一剂良药。面对不快的情绪，大学生们有时倾向于蜷缩于一隅，减少活动，但这种行为往往加剧了情绪的阴霾，形成恶性循环。缺乏运动的人与热爱运动的人相比，在情绪状态上呈现出显著的差异。那些定期参与体育活动的学生，不仅肌肉更加灵活，动作更为敏捷，而且他们的思维也同样敏锐，能够迅速察觉并调整自身的不良情绪。

在运动的过程中，随着肌肉的锻炼与放松，紧绷的神经也逐渐得到舒缓，烦恼似乎随之消散。校园中，那些热爱运动的学生常常展现出一种积极向上的精神风貌，他们的健康与活力如同阳光般耀眼，吸引着周围人的目光。

对大学生而言，积极参与体育锻炼，把握每一次运动的机会，显得尤为重要。特别是那些能够引发身体积极生理反应的有氧运动，如跑步、骑行、游泳等，不仅能够增强体魄，还能促进心理健康，带来由内而外的愉悦感受。这样的改变，不仅是身体上的，更是心灵上的全面升华。

4. 音乐调节

音乐作为一种艺术，是人的情绪情感的一种表现方式。曲调和节奏不同的音乐，可以使人产生不同的情绪体验。听音乐是许多大学生调节自己情绪的一种重要手段。舒缓、古典的音乐能缓解甚至消除负性情绪，流行音乐尤其是节奏感强的音乐会使人萌发一种兴奋感。沉浸在音乐冥想中，就像在做心理"按摩"，让大学生内心的风暴、消极的情感如同月光下退潮的海水一样逐渐平息下来。除了听音乐外，许多大学生也喜欢唱歌。高声歌唱是排除紧张激动情绪的有效手段。当大学生内心存在焦虑、忧郁等负性情绪时，可以开口唱唱歌，让优美的旋律、动人的歌词萦绕在脑海中，心胸就慢慢地宽广起来。而唱歌时有节律地呼吸与运动，可以使人神清气爽。

5. 理性情绪调节

同一件事，在持有不同人生态度的人眼中，会衍生出截然不同的感受。事实上，人的情绪波动并非主要由事件本身直接触发，而是深层次地受到我们对这些事件内在的认知和评价影响。这意味着通过调整对事物的解读和评价方式，我们能够相应地转变自身的情绪状态。

要想积极拥抱生活，关键在于主动转变我们的观念体系，培养一种乐观向上的视角去审视问题、进行思考。这样的转变，不仅能够使我们以更加开阔和包容的心态面对挑战，还能在日常的点滴中发现美好与希望，从而让生活充满阳光与正能量。

6. 意志调节法

意志调节法，亦称情感升华，是塑造大学生健康情绪不可或缺的关键策略。优质的意志品质，结合意识的主动力量，能够巧妙地调控情绪的起落与强弱，从而实现情感的升华——这意味着个体能够动员内心的积极力量，有效抵御消极情绪，如痛苦、烦恼与忧愁，并使之转化为推动个人成长与进步的积极行动。

在现实生活中，大学生应当学会将积极的情绪体验与理智思考、坚韧意志紧密结合，以此作为驱动力，激励自己跨越重重困难，坚定不移地追求既定目标。同时，面对消极情绪的侵扰，大学生也需运用理智与意志的力量进行有效地调控与疏导，通过自我意识的积极干预，减少消极情绪的影响，并持续强化自我修养，以更加成熟与稳健的心态面对生活的挑战。

7. 矛盾取向法

在应对情绪困境时，矛盾取向法的精髓在于当个体强烈渴望进入或脱离某种情绪状态却屡屡受挫时，转而采取一种截然相反的行动路径。这一方法基于一个深刻的洞察：过度执着地追求往往适得其反，激发逆向思维或许能开辟出解决问题的新径。

日常生活中，我们常有此类体验：迫切希望平复心绪时，反而更加焦躁不安；力图保持镇定，却不由自主地愈发慌乱。这类经历促使我们反思：或许通过主动拥抱并放大那份本欲逃避的情绪，反而能引领我们走出困境。

当大学生面临在公众场合因紧张而难以自持的困境时，矛盾取向法同样不失为一种有效的自我调节手段。试想，在众人面前，紧张感如影随形，越是刻意掩饰，越显得不自然。此时，不妨尝试采用矛盾取向法，主动接纳并"放大"这份紧张感，甚至以幽默或自嘲的方式将其公之于众。告诉自己：就让这份紧张来得更猛烈些吧！让我成为世界上最紧张的那个人，看看又能怎样？这样的心态转变，往往能打破原有的恶性循环，让情绪在不经意间找到释放的出口，进而让自己恢复平静与自信。

8. 学会幽默

在尴尬与困窘的夹缝中，幽默如同一缕清风，助人巧妙脱身，将难堪化为无形。无论是唱歌走音、发音不准，还是言辞失当，自我调侃与慰藉都能成为情绪的减压阀，让紧张氛围在欢声笑语中烟消云散。

秉持幽默的态度，如同佩戴了一副智慧的眼镜，让我们在尴尬与冲突中保持清醒，能够以客观平和的心态审视现实，避免被一时的难堪所裹挟，陷入偏激与激动的旋涡。幽默是情绪的调节器，能有效降低情感的沸点，将愤怒与不安消融于无形，让心灵回归宁静。

值得庆幸的是，幽默并非天生的品质，而是可以通过后天努力逐渐培养。作为大学生，要想提升自己的幽默感，首要之务是拓宽知识视野，学会以辩证的眼光审视世界。积极的人生态度是幽默的源泉，它促使我们以乐观的心态面对生活的风雨，从多个维度解读困境与挑战，从而孕育出幽默与智慧的花朵。这样的人，不仅能在逆境中笑对人生，更能以幽默为武器，战胜挫折与失败，最终赢得生活的青睐。

因此，培养幽默感，不仅是为了增添生活的乐趣，更是为了塑造一个更加积极、开放、包容的自我。

第二节　高校大学生网络心理障碍与调适

一、网络概述

（一）互联网的特征

1. 全球性与开放性

网络的兴起极大地拓宽了人类的认知与实践边界，将遥远的世界紧密相连，使原本可能终生无缘相见的人们瞬间跨越了地理的鸿沟，成为仅有屏幕之隔的网友。地球这个庞大的蓝色星球，在网络的编织下悄然蜕变，成为了一个紧密相连的"地球村"与"电子社区"，每个人都被赋予了平等参与的机会，共享着这一无垠的数字空间。

在这个平台上，最新的软件工具与知识宝库触手可及，为个体提供了前所未有的学习与发展资源。同时，多样化的思想观念、行为模式在这里直接碰撞、交融，促进了全球文化的深度对话与理解。互联网不仅涵盖异彩纷呈的价值观、风俗习惯与生活方式，更通过开放的交流环境，促进了不同国家、民族间的相互学习、借鉴与共识构建，加深了人类社会的相互理解和尊重。

互联网的触角，以超乎想象的速度与广度，跨越了种族、国界、地域等一切有形与无形的界限，实现了真正意义上的全球互联。其高度的互通性、信息的海量共享以及开放包容的特性，构建了一个前所未有的交流平台，让每个人都能不受身份、性别、年龄或地位的限制，自由享受网上冲浪带来的乐趣与启迪。在这个无限互联的世界里，人类的交流与合作正以前所未有的深度和广度展开，共同绘制着全球一体化的新篇章。

2. 平等与个性化

互联网，这一自发的信息网络，其独特之处在于赋予每位用户主人翁的地位，每个人都是自身行为的引领者与决策者。由于网络资源的共享性，每位网民都掌握着网络的一部分，并享有同等的发言权，这种设置深刻体现了自由与平等的核心价值。在网络上，信息的获取不再受限于单一来源，网民可自由遨游于国际资讯的海洋，挑选并讨论自己感兴趣的话题，体现了信息的民主化与多元化。

互联网的这种特性，促进了网民意识与思维的深刻变革，推动了平等交流与双向沟通的普及，使得思维方式更加多元、具有个性且富有创造力。在这个平台上，每个网民都有可能成为注意力的中心，等级制度的壁垒被打破，个体之间的平等关系得以强化，个性意识随之觉醒并茁壮成长。

进一步来讲，网络的分散性与自主性特质，成为了网民个性化生活的鲜明写照。从浏览内容的丰富多样到言论与创作的自由发挥，网络为每个人的独特需求与兴趣提供了无限可能。它不仅拓宽了个体发展的边界，更为创造性的释放营造了理想的外部环境。

3. 虚拟性

网络世界，作为人类智慧的结晶，通过数字化技术将计算机节点紧密相连，融合三维建模、仿真技术、传感反馈以及先进的人机交互界面，共同编织出一个栩栩如生的三维感官世界。踏入这个虚拟疆域的人们，其日常所处的环境便转换为了一个超脱了传统物理框架的电子网络空间，即赛博空间。

在此空间中，网际关系展现出独特的双面性：其虚拟性与实体性相互依存，又相对独立。交流双方隐身于无形，以精心设计的虚拟形象与身份为媒介，跨越了物理界限与时空束缚，进行着前所未有的沟通与互动。这种交流模式，不再受限于具体的物理存在与地理位置，展现了前所未有的自由与灵活。

然而，网际关系的虚拟性并不等同于虚假性。尽管存在恶意操控导致的不实行为，但这并不能抹杀网络空间本身所承载的真实体验与价值。在精心构建的虚拟场景里，网络为用户提供了一种虽非物理实在却功能等效的真实感受。任何虚假行为的根源，应归咎于参与者的道德品质，而非网络技术的本质功能。

4. 身份的不确定性

在现实社会中，网民的社会关系紧密编织于亲戚、朋友、同事、邻里及师生等"熟人圈"内，这种关系网络深深根植于具体的物理空间与时间坐标之中，且深受稳固的社会价值体系与文化传统的熏陶与约束。相比之下，网络世界则构建了一个截然不同的交往舞台。在这里，信息技术能将纷繁复杂的数据归约为简单的"0"与"1"编码，这揭示了信息的本质确定性，但信息的海量性、虚拟化以及超越时空的特性，却使得信息传递的意图、情感与意义变得模糊难辨，用户仿佛置身于一片迷雾之中。

网络空间，作为一个开放而多元的新领域，打破了地理的界限，让世界各地的人们得以无缝连接。然而，这种跨越时空的连接却未能有效弥合历史文化的鸿沟，反而因文化的多样性与差异性并存，增加了网络交往的复杂性与不可预测性。在这样的背景下，人与人之间的网络互动变得更加灵活多变，却也伴随着更多的混沌与不确定性，网络世界中的人际关系因此被赋予了更为鲜明的动态特征与未知色彩。

（二）互联网的应用特点

1. 信息查询

互联网的开放性，使其如同一个信息的聚宝盆。这些取之不尽、用之不竭的多彩信息赋予了网络无穷魅力，很多大学生正是把互联网看作一个庞大的信息库，经常上网寻奇觅宝。查询信息正是大学生们上网最主要的目的。

2. 收发邮件

随着学习生活节奏的加快和电子信箱的普及，电子邮件作为一种传递信息迅速、及时、费用低廉的通信方式，正在逐渐取代传统的书信，成为大学生人际交往的重要手段。每天打开邮箱收发邮件已逐步成为当代大学生日常生活的一部分。

3. 网上聊天

聊天交友，是大学生在网上的主要活动内容之一。各式各样的聊天室是大学生漫游网络的第一个驻足地，也是他们课后经常光顾的地方。聊天、交友、网友见面成了一些大学生日常生活的组成部分，有的人乐此不疲，甚至深陷其中，不能自拔。

4. 网上游戏

相较于传统游戏机或游戏光盘的单向体验，在线游戏凭借其无与伦比的互动性，展现出了难以抗拒的吸引力，成为了大学生群体中备受欢迎的娱乐方式，游戏网站也因此成为了他们频繁访问的热门站点。诚然，大学生上网的动机多元，并非全然集中在聊天或游戏上，但现实情况却不尽如人意，远没有外界普遍期待的那般积极向上。令人担忧的是，许多大学生未能充分利用网络这一宝贵资源来拓宽知识视野、提升个人能力，反而将大量宝贵的时间与精力倾注于聊天交友与游戏娱乐之中，这无疑是对网络资源的一种浪费。

5. 声讯影像娱乐

在广阔的网络天地中，多媒体以其声色并茂的魅力，为大众开启了一扇通往全球文化宝库的大门。在这里，最新、最全面的文化产品跨越国界，触手可及，极大地丰富了人们的选择与体验。互联网这一革命性的信息技术，正引领我们步入一个前所未有的信息时代，它不仅是一片知识的海洋，更是一个生活的舞台。

如今，互联网已深深融入网民的日常生活，成为他们探索世界、学习新知、便捷购物的重要渠道。同时，它也为人们提供了跨越时空的社交平台，让交友、聊天、远程会议乃至休闲娱乐都变得轻而易举，悄然改变着我们的学习模式、工作习惯及生活方式。然而，正如双刃剑一般，互联网在拓宽视野、提供便利的同时，也带来挑战与风险。

一方面，海量信息如潮水般涌来，拓宽了我们的认知边界，但也让不良信息有了可乘之机，侵扰着我们的精神世界。另一方面，互联网营造的宽松自由环境，本是人们休憩放松的乐园，却也可能成为滋生贪婪与自私的温床。此外，互动音像技术的普及，虽极大地促进了学习方式的革新，但也为不良信息的传播提供了便利，成为一些不法分子利用的工具。

二、大学生的网络心理特点

（一）大学生的网络心理的特点

大学生是互联网的忠实和重要使用者。从整体上划分，大学生的网络心理可分为积极与消极两种心理需求。

1. 积极心理需求

（1）强烈的求知欲与好奇求新心理。互联网凭借其信息更新的迅速性、内容的丰富性以及技术手段的前沿性，强烈地激发了大学生们的好奇心与探索欲。他们被这股力量深深吸引，对掌握网络知识及其应用技能抱有极高的热情与渴望，不断在数字世界中深化自我学习与提升技能。

（2）自由平等的参与意识与自我实现欲望。网络空间构建了一个相对无界限的虚拟世界，这里充满了自由与平等的氛围，恰好符合当代大学生对于自由表达与平等参与社会活动的深切期望。在这个平台上，现实社会的种种束缚得以暂时解除，每个人都能够成为自己故事的主角，依据个人意愿和兴趣塑造网络身份，参与讨论，创作内容，实现自我价值的认同与满足。

（3）追求开放性和多元性。网络作为全球化的信息交流平台，汇聚了来自世界各地的多元文化、思想观念与价值观。这种高度的开放性为大学生提供了一个广阔的舞台，使他们能够跨越地域限制，接触并吸收多元化的思想与文化精髓。他们积极追求这种开放与多元，以拓宽视野，丰富心灵，促进个人认知的全面发展。

2. 消极心理需求

（1）猎奇心理。部分大学生上网的驱动力源自对未知与奇异事物的强烈好奇心，他们渴望通过网络获取那些在日常生活中难以触及或正规渠道难以获得的信息，以此满足感官上的新奇体验。这种心理有时可能引导他们主动搜寻不良信息，寻求短暂的快感。

（2）发泄欲求心理。互联网为大学生提供了一个相对隐匿的表达平台，使他们能够更自由地发表意见、抒发情感，而不必担心现实生活中的种种限制或后果。这种环境促使部分学生将网络视为情绪宣泄的出口，无论是对学校的不满、对异性的情愫，还是其他难以在现实中表达的思想，都能在网络空间得到释放。

（3）急功近利心理。面对网络信息的丰富与便捷，一些大学生将网络视为通往成功的捷径，过分期待通过电子商务、留学机会、快速成才路径等信息迅速实现个人价值。社会上的某些误导性宣传也加剧了他们对于网络"一夜暴富"或"快速成名"的幻想。

（4）逃避现实的解脱心理。当面对学习、情感或人际关系等方面的挫折时，部分大学生选择躲进网络构建的虚拟世界，以此逃避现实的困扰。网络成为了他们寻求心理慰藉、暂时忘却烦恼的避风港。

（5）焦虑心理。网络技术的日新月异让部分大学生感到压力重重，担心自己无法跟上技术更新的步伐而被淘汰。同时，网络使用过程中遇到的技术障碍、信息混乱等问题也加剧了他们的焦虑感，使他们在网络世界中感到迷茫与不安。

（6）虚拟的自我实现心理。网络游戏等虚拟环境为大学生提供了一种替代性的自我实现途径。在游戏中取得胜利、扮演理想角色等体验能够满足他们的成就感需求，成为现实生活中挫折感的一种补偿。

（7）自卑心理与抵触情绪。对于初次接触网络或网络技能不足的大学生而言，面对网络高手的游刃有余和自己操作的笨拙，容易产生自卑心理。同时，对于那些习惯用传统方式获取信息的学生来说，网络检索方式的新颖性可能引发抵触情绪，担心自己无法适应这一变化。

（二）网络心理健康的标准

截至目前，关于网络心理健康的标准尚无明确定论，但比较普遍的看法有以下几种：

（1）健康的上网动机和意识可以合理满足自己和他人的需要。

（2）人们应该使用健康的网名，保持较稳定的自我身份。

（3）人们应该比较真实、客观地表达自我，减少欺骗行为。

（4）人们应尊重他人，不攻击他人及网站。

（5）人们应适度宣泄情绪、压力，有效管理时间。

（6）人们应客观对待网络环境，有较强的信任感与安全感。

（7）人们应不把使用网络作为生活中唯一的兴趣爱好，不影响正常生活、学习、工作。

（8）人们应具有良好的自我监控力，不影响到身体健康。

（9）人们应保持网上人格与现实人格的和谐统一和良好的情绪情感；合理发表言论，不把网络当作法外之地。

三、常见的网络心理障碍与调适

网络心理障碍是指因无节制地上网导致出现行为异常、人格障碍、交感神经功能失调等症状。大学生网络心理障碍主要包括三类，分别为：网络成瘾、网络孤独和网络依恋。

（一）大学生常见的网络心理障碍

1. 网络成瘾

网瘾已成为一个不容忽视的社会问题。网络成瘾又称因特网性心理障碍，临床上是指由于患者对互联网络过度依赖而导致的一组心理异常症状及伴随的一组生理性不适。网络成瘾是由于重复地使用网络而导致的一种慢性或周期性的着迷状态，并且带来难以抗拒的再度使用欲望，同时一直对上网带来的快感有生理及心理依赖。也就是说，因为网络的许多特质带给使用者许多快感，同时又因很容易重复获得这些愉悦的体验，使用者便在享受这些快感时渐渐失去了时间感，一方面逐渐对网络产生依赖，另一方面对网络沉迷和上瘾。

网络成瘾的现象在大学生群体中日益凸显，其症状表现具有鲜明的阶段性特征：初期往往体现为精神上的依赖，个体对上网活动产生强烈渴望；随后，这种依赖逐渐深化为身体上的需求，表现为一旦远离网络便会出现情绪低落、体力不支、面容憔悴乃至无所适从的状态，唯有再次沉浸于网络之中，精神状态方能得以恢复。

大学生网络心理障碍的多重表现尤为值得关注。这些障碍不仅体现在情感层面的自我迷失，还涉及角色认知的混淆、道德规范的淡漠、心理韧性的削弱，以及在人际交往中的孤独与失落感。特别值得关注的是，那些在现实生活中遭遇挫败、自我调控能力不足的学生，更易将网络视为避风港，网络提供的理想化体验与成就感成为了填补现实缺憾的重要来源。

随着上网时间的不断累积与对现实生活的日益疏离，这些学生的精神世界逐渐变得空虚，缺乏现实生活的滋养与充实。这种空虚感进一步加深了他们对网络的依赖，形成了一种恶性循环：越是依赖网络，越是忽视现实；越是忽视现实，精神世界就越是贫瘠，从而更加依赖网络以寻求慰藉。这种网络成瘾的加深，不仅影响了大学生的学业与生活，更对其心理健康构成了潜在威胁。

2. 网络孤独

网络孤独主要描述了一类特定的心理状况，即某些人（尤其是性格内向、自卑的大学生）希望通过上网来获取信息、享受娱乐以及进行人际交往，以期达到提升或改变自己的目的。然而，这种尝试并未有效缓解他们的孤独感，甚至在某些情况下可能还加剧了孤独体验。

这些个体由于性格特质，倾向于自我承担心理压力，对外界的虚伪人情交往感到厌恶，因而更倾向于选择网络这一隐匿身份的平台进行社交。在网络上，他们能够自由地表达自己的情感，向未曾谋面的网友倾诉心事，寻求心理慰藉，这种交流方式在一定程度上为他们带来了暂时的心灵释放和支持感。

一旦离开网络世界，回到现实生活，他们便很快意识到孤独感依旧如影随形。这是因为真实的人际交往远不止于言语，更多时候依赖于非言语的沟通方式，如眼神交流、肢体语言等，这些都是网络交流所无法替代的。对于性格内向、不擅长解读身体语言的人来说，网络提供的仅仅是文字层面的交流，难以满足他们深层次的心理需求，因此，他们可能会感到网络对于缓解孤独和抑郁的作用有限，甚至只有表面的、不彻底的作用。

3. 网络依恋

长期沉迷于网络游戏、在线聊天、网络技术探索以及无节制地浏览网络信息，容易形成对网络的过度依赖。这种依赖不仅危害个人生理健康，还严重干扰了正常的学习、工作及社交活动，导致生活失衡。网络迷恋心理障碍可细分为几大类：首先是网络交际迷恋，具体表现为频繁使用聊天软件及参与在线聊天室的长时间交流；其次是网络游戏成瘾，即无法自拔地沉浸在虚拟游戏世界，与计算机对手或在线玩家进行激烈对抗；再者是网络恋情幻想，即深陷于网络构建的浪漫恋情之中，追求虚拟的情感寄托；还有网络信息搜集强迫，表现为无法自制地从网络上搜集大量无关紧要的信息，并热衷于分享与传播这些信息；最后是网络创作痴迷，体现在对下载各类软件、追求网页设计完美及对编程技术的无限热爱上。在上述五种类型中，网络交际迷恋、游戏成瘾、恋情幻想以及信息搜集强迫尤为普遍，是大学生网络迷恋现象的主体。

（二）大学生网络心理问题调适

（1）自律与自我管理。自律与自我管理对于个人成长不仅是自尊、自主与自由精神的体现，也是培养强大自我控制力、形成"慎独"美德的关键。步入网络社会，我们面临的是一个信息爆炸、文化多元、价值观碰撞的复杂环境，其中诱惑与挑战并存，真伪难辨，且外在约束相对薄弱。在这样的背景下，大学生极易因认知偏差或侥幸心理而陷入心理困境，产生一系列网络心理问题。

因此，大学生应当主动规划并优化日常生活，保证学习、工作与休息之间的平衡，合理控制上网时间，避免过度沉溺于虚拟世界。更重要的是，要树立积极向上的生活态度，勇于正视生活中的挑战，积极参与现实社会的各类有益活动，通过实践来丰富自己的人生体验，增强应对复杂环境的能力，从而在虚实交织的网络社会中保持心理健康，实现全面发展。

（2）团体心理辅导。团体心理辅导作为一种有效的心理干预方式，其核心在于通过专业心理辅导者的引领，运用团体动力与多种个体心理辅导策略，针对团体成员所面临的心理困扰进行集体探讨与应对。此过程不仅为成员们提供了行为实践的平台，还促进每位成员的自我成长与自主能力，共同解决团体共有的发展难题或心理障碍，进而推动行为模式的优化与人格的全面发展。

在团体辅导的框架内，网络心理障碍患者能够在一个支持性的环境中，通过讨论、交流等互动形式，感受到来自同伴的多元视角与资源分享。这种群体互动不仅激发思维碰撞，还营造了一种情绪共鸣与行为模仿的氛围，成员间的相互监督与正面影响有助于构建健康的心理环境，促进障碍症状的缓解与积极行为的养成。

尤为重要的是，团体心理辅导构建了一个"微型社会"模型，模拟真实社交场景，为网络心理障碍者提供了一个宝贵的人际交往实训场。在这个相对安全的空间里，成员们能够坦然面对并探讨共同的情感体验（如对抗、恐惧、怀疑、孤立等），通过心理辅导师的专业指导，这些情感与态度得以被识别、分析并逐步转化。同时，心理辅导师传授的行为训练技巧在团体中得到实践、巩固与强化，使得成员们能够更有效地掌握健康的行为模式，并将其内化为日常生活的一部分，最终实现心理障碍的改善与心理素质的整体提升。

（3）建立良好的人际关系，在现实世界中获得理解与支持。针对大学生群体中普遍存在的网络交往成瘾现象，首要任务是深刻认识到网络交友的局限性。网络交友虽作为传统社交方式的一种补充，却缺乏必要的伦理约束与身份认证，潜藏着安全漏洞与情感交流盲区。因此，大学生在网络交友时应秉持"三不一要一忠告"的原则：不轻易泄露个人隐私信息，如真实姓名、地址、联系方式及亲友详情，以维护个人安全；不盲目应允网友的不合理请求，特别是初次相识即提出见面或财务往来等请求，应学会理性判断与拒绝；不轻易与网友私下见面，以防不测。同时，"一要"即要提高警惕，保持防范之心；"一忠告"则强调网络交友需谨慎，避免单独赴约，毕竟网络世界中的个体身份难以确凿验证，谨慎行事总无过错，正如古语所云："害人之心不可有，防人之心不可无。"

此外，大学生还应重视并加强现实生活中的人际交往，与教师、同学及朋友保持密切沟通。面对面的交流不仅能增进相互理解与尊重，还能构建更加稳固的信任关系，这是任何虚拟社交所无法替代的宝贵财富。通过平衡线上与线下社交，大学生能够更好地满足情感需求，促进个人全面发展。

（4）主动求助他人及心理咨询机构，摆脱网络诱惑。网络成瘾综合征的核心在于个体在上网过程中获得的即时满足感往往驱使其过度使用网络，进而可能对身心健康产生负面影响，尽管初期可能并不显著影响日常生活。受此困扰的大学生，往往因心理压力而选择独自承受，性格上可能表现得更为敏感与退缩，不愿主动向外界或专业心理咨询机构求助。

正视问题并主动寻求帮助是克服网络成瘾的关键一步。来自教师、家人及朋友的情感支持与实际行动，如同温暖的灯塔，能有效引导迷航者回归现实生活的航道。而专业心理咨询机构的介入，则如同精准的导航仪，能够针对成瘾程度不同的大学生，运用如认知行为疗法、厌恶疗法、森田疗法等多种专业手段，进行个性化的心理干预与治疗，帮助成瘾者逐步摆脱网络的束缚，重建健康的心理状态。

因此，对于深陷网络成瘾困境的大学生而言，逃避绝非出路。勇于面对自己的挑战，积极采取行动，不仅要在个人层面努力调整上网习惯，更应敞开心扉，主动向周围人及专业机构伸出求助之手，加速回归现实生活、重拾健康生活的步伐。

第五章　大学生心理咨询与心理治疗

第一节　心理咨询的理论

一、焦虑理论

（一）焦虑的两种理论

焦虑是一种身心的紧张和不安，是个体因对身心构成潜在威胁的未来情境所产生的一种担忧、害怕的反应。影响焦虑的因素很多，对焦虑的研究比较公认的理论有奥地利精神病医师、心理学家弗洛伊德（Freud）的人格结构理论和美国心理学家斯皮尔伯格（C. D. Spielberger）的特质焦虑理论。

1. 弗洛伊德的人格结构理论

精神分析学派的奠基人弗洛伊德，将焦虑现象深刻剖析为源自"本我、自我、超我"这一人格结构三元互动的复杂结果。他认为，当这三者维持平衡与和谐状态时，人格发展趋于健全；一旦这一平衡被打破，焦虑便随之而生。焦虑可细分为两大类别：一类是客观性焦虑，源于"自我"对外界环境压力的现实反应；另一类则是神经过敏性焦虑，它更多地体现了"三我"之间矛盾激化所致的心理紧张状态。

进一步解析"三我"理论："本我"作为人格结构中最基础且原始的

组成部分，承载着与生俱来的本能冲动与欲望，遵循快乐原则，追求即时的满足与释放，是推动人格成长与变化的内驱力。"自我"则扮演调节者的角色，位于意识层面，负责协调"本我"的原始冲动与外界现实之间的矛盾，依据理智与常识做出判断与行动，是现实生活中"本我"的体现。"超我"则是社会道德规范与个体理想自我的内化，它依据至善原则，对"自我"进行道德监督，同时对"本我"的不当冲动施以约束。

弗洛伊德关于焦虑的研究还延伸至特定情境下的表现，如在考试场景中，个体可能经历两种类型的焦虑：一是与驱力理论相呼应，源自对成功的渴望或对失败的恐惧；二是生理层面的不适，如体力不支、过度紧张的身体反应、对负面后果（如惩罚）的担忧、自我价值感的下降及逃避心理等，这些均可能干扰考试表现，影响成绩。

2. 焦虑的特质论

斯皮尔伯格提出的状态—特质焦虑理论，深入剖析了焦虑的多维度特性。该理论认为，焦虑不仅体现为忧虑、紧张等主观感受，还伴随着自主神经系统的过度激活。焦虑从性质上可划分为状态焦虑与特质焦虑两大类别。状态焦虑的触发，往往需要外界环境的刺激或个体内部的某种提示作为导火索；而特质焦虑则更像是过往经历在个体心理中留下的深刻烙印，持续影响着个体的情绪状态。

在探讨焦虑的产生机制时，环境刺激被视为不可或缺的外部诱因。一旦个体感知到外界环境的潜在威胁，状态焦虑便会油然而生，且威胁的程度与状态焦虑的强度直接相关，二者呈现正比例增长趋势。此外，个体的特质焦虑水平亦会对状态焦虑的强度产生调节作用，高特质焦虑者往往更易在相同情境下体验到更高强度的状态焦虑。

焦虑这一复杂的情感状态，实则蕴含了三大核心要素：主观层面的恐惧感，它构成了焦虑的认知成分；生理层面的特定身体反应模式，如心跳加速、呼吸急促等，这是焦虑的生理基础；以及行为层面的表现，如逃避、防御等，这些共同构成了焦虑的行为表征。这三者之间紧密相连，相互作用，共同塑造了焦虑这一情感体验。

（二）大学生焦虑的咨询

1. 过度焦虑对学生身心的影响

在当今这个飞速发展的社会里，随着信息与脑力劳动需求的激增，人们的生活节奏不断加速，这一变化不仅深刻影响着职场人士，还波及到了教育领域，使得学生们在学习生涯中面临着日益激烈的竞争压力。长期处于这种高压状态下，无疑会对学生的身心健康造成深远的影响。

持续且过度的紧张情绪，如同一把无形的利剑，悄无声息地侵蚀着学生的身心健康。这种情绪状态往往伴随着强烈的生理反应，触发体内一系列复杂的生理与生化变化，包括血压骤升、呼吸急促、心率加快、血糖水平异常波动以及肌肉持续紧绷等。更为严重的是，长期的高度紧张还可能削弱人体免疫系统的功能，使其抵御疾病的能力大打折扣，从而增加产生各类严重健康问题的风险。

因此，我们必须正视并关注学生因学业竞争而承受的心理与生理压力，采取有效措施来缓解他们的紧张情绪，保护他们的身心健康，使他们能够在健康的环境中茁壮成长。

2. 大学生焦虑的测量与咨询

关于大学生对于自身紧张程度的测量，不妨对照以下条目，如果与其中四条相符，便是轻度紧张；有八条相符，为中度紧张；如十二条都相符，则为过分紧张。具体条目为：a. 常发现有无缘无故的心烦意乱、坐立不安；b. 晚上思考各种问题，难以入睡，夜间常被噩梦所惊醒；c. 早晨起床就觉得头昏脑涨、浑身无力，喜静怕动，情绪低落；d. 食欲不振；e. 回家就感到诸事不如己意，心里烦躁；f. 处理问题时容易激动，态度粗暴；g. 身处拥挤的环境时，容易发生思想混乱，行为失序；h. 听到左邻右舍的噪声，感到焦躁发慌、心悸出汗；i. 注意力难以集中，读一篇文章时往往抓不住中心；j. 容易与人争吵，时常感到胸闷不适；k. 常将其他人的疾病与自己对比，疑心自己患有同样的疾病；l. 长期自觉情绪紧张，常有头晕、头痛、心动过速与血压偏高。

大学生克服过分紧张情绪，有如下五种方法：

第一，成为自己情绪的主宰。认识到完全无紧张感的状态是几乎不存在的，关键在于学会合理地引导与调整情绪。因此，制订灵活的活动计划很重要，这样才能在遭遇突发状况时从容应对，避免因计划被打乱而感觉慌乱。同时，当紧张情绪浮现时，及时采取心理调适措施，如深呼吸、冥想等，帮助自己放松下来。

第二，重视运动的价值。适量的体育活动不仅是身体的锻炼，更是对心灵的疗愈。运动能够释放压力，促进大脑放松，使情绪趋于平稳与乐观，对身心健康大有裨益。

第三，培养个人兴趣爱好，实现自我放松与情操陶冶。书法、绘画、音乐欣赏等活动，不仅能够丰富精神世界，还能在美的享受中消除紧张与疲惫，达到心灵的宁静与平衡。

第四，构建和谐的人际关系同样重要。在相互理解、支持与合作的氛围中，紧张情绪得以有效缓解，促进个体心理健康的全面发展。良好的人际关系让人在学习与生活中感受到温暖与力量，使心理状态保持最佳。

第五，保持笑容的力量不容忽视。笑容不仅能够瞬间缓解肌肉的紧张，还能调整心理状态，驱散烦恼，让人忘却忧愁。真正的笑容源自对生活的热爱与对未来的乐观态度，它赋予我们面对困难与挑战的勇气与希望。

二、意向冲突理论

（一）动机冲突

动机冲突是人常见的一种心理冲突，指人们在活动中同时具有两个或多个起作用的动机，而又不能同时满足时在心理上呈现出紧张不安和彷徨不定的状态。可以将动机冲突划分为以下四种：

1.接近—接近冲突

"双趋冲突"，亦称为接近冲突，描述的是个体在面对两个同样具有吸引力的选项时经历抉择困境，必须从中择一，同时意味着放弃另一个选项，从而引发的内心冲突。根据冲突的激烈程度，可以将其细分为简单冲突与复杂冲突两类。

简单冲突出现在两个选项均能满足同一需求，但彼此间仅存在细微差别的情况下。此时，内心的挣扎相对轻微，因为两个选项在本质上并不构成对立，更多的是在细节上的差异，不会触发需求内部的深层次矛盾。

相比之下，复杂冲突则更为激烈。它发生在两个选项分别对应着不同的需求满足，选择其中任意一个都将意味着另一需求的牺牲，从而引发两种需求之间的直接对抗的情况。这种情境下的内心冲突更为深刻且难以调和，因为每一个选项都承载着不同的价值与意义。

为了化解此类冲突，个体通常有两种策略：一是明确放弃其中一个选项，专注于实现另一个目标；二是寻求一种折中的方案，即放弃原有的两个选项，转而追求一个能够同时或部分满足两种需求的全新目标。这两种策略均有助于个体从冲突中解脱，重新找到前进的方向与动力。

2. 回避—回避冲突

个体必须在两个都违背自己的需要且具有同样强度威力性的目标中选择其一时所产生的冲突。这种动机冲突实际上是由两样东西都不想要，但又必须选择其一的心理矛盾造成的，在"双避冲突"情境中无论做出哪种选择和牺牲，其挫折感都尤为强烈。解决这种冲突的办法是要么选择面对其中一个，要么两个都避开。

3. 接近—回避冲突

当个体面对一个既有吸引力又同样会构成威胁的目标时，所产生的既想趋近追求又想躲避逃离的好恶兼有的矛盾心理状态。对于"趋避冲突"如果很长时间都无法决定取舍，势必令人痛苦不堪。比如，青年择业时，会面临趋避冲突，有的单位薪水虽高，与之相对应的压力亦大。

4. 多重接近—回避冲突

亦称为"多重趋避冲突"，即当个体面临两个或两个以上的趋避性选择的冲突情境。对大学生来说，在毕业求职过程中有几个单位和去向可供选择，但每一个工作机会都意味着一种独特的生活方式和发展取向。每个选择都有优有劣，且都难以割舍，此时对个体来说，就陷入了"多重趋避冲突"的境地。在青少年升学、择业、恋爱等时，都会面临抉择，动机的冲突是不可避免的。冲突的程度不同，相伴而生的紧张不安也不同。持续的焦虑对心理健康极为不利。

（二）认知失调论

认知失调理论，起源于 20 世纪 50 年代，探讨个体在社交互动中，其认知元素如何从失衡状态向和谐统一转变，进而影响态度与行为变化的过程。个体的认知体系包含了关于自我认同、个人行为及周遭环境的多样信念、观点及感知，这些元素之间可能呈现三种关系：一是相互一致且协调，如认识到"吸烟有害健康"的同时坚持"我不吸烟"；二是相互关联却存在冲突，如深知"吸烟有害健康"却仍在吸烟，这种情形易引发不适与紧张感；三是彼此独立无关，如"吸烟有害健康"与"今天天气如何"之间便无直接联系。

当个体的认知体系中出现第二种情况时，即认知元素间存在直接冲突，便会产生所谓的"认知失调"，这是一种心理层面的不适感，源于内在认知的不一致性，而非单纯逻辑上的矛盾。为了缓解这种不适感，个体会自发地采取行动，力求恢复认知体系的平衡与和谐。

具体而言，个体可能采取以下几种策略来应对认知失调：一是直接改变或否定其中一个认知元素，比如将"吸烟危及健康"的认知调整为"戒烟可能导致体重增加"，从而改变对吸烟行为的看法；二是重新评估两个冲突的认知元素，降低其中一方的重要性或强度，如决定"减少吸烟量"，以此减轻失调的程度；三是引入新的认知元素或理由，作为桥梁连接原本冲突的两端，如提出"吸烟虽有害，但能提高工作效率，且不乏长寿的吸烟者"，这样的策略虽能暂时缓解失调，但可能涉及对事实的扭曲，对心理健康产生不利影响。

第二节　心理咨询与心理治疗的方法

心理咨询与治疗是相互联系的。在心理咨询时，往往包含着心理治疗。咨询侧重于认知的重构，治疗偏重行为的矫治。

一、一般性心理治疗技巧概述

（一）一般性治疗技巧的含义

一般性心理治疗技巧，具有支持和加强病人防御机能的特点，使病人增强安全感，减少焦虑和不安。

为了使个别和团体治疗效果达到预期目标，治疗前必须做好以下准备。

第一，建立医生和病人的良好联系。这不仅是心理治疗，也是治疗的基础，只有建立了这种良好的联系，才能争取病人的积极配合，使治疗取得很好的效果。

第二，调查、收集病史，全面了解患者发病的社会心理背景，分清症状的主次和研究存在的各种矛盾。

第三，做好周围人的工作，争取配合。

第四，注意一定程度的保密。

（二）一般性治疗技巧的策略

一般性治疗技巧涵盖了多种策略，其中，解释、鼓励、安慰、保证与暗示是最为常用的方法。

解释，作为核心策略之一，旨在通过科学、易懂的语言向患者阐明病情，消除其疑虑，增强信心，促进医患之间的配合，为后续治疗奠定良好基础。在解释过程中，需核实信息准确无误，避免误导，对于患者的任何疑问，应耐心细致地解答，尊重患者的理解与接受过程。

鼓励与安慰，则在患者情绪低落、信心不足时显得尤为重要。通过表达同情与支持，帮助患者重拾信心，克服当前的负面情绪，重拾面对疾病的勇气。

保证策略则针对患者因疾病产生的过度担忧与焦虑，特别是对未来健康及生活质量的恐惧。医生需基于充分的医学依据，以坚定的态度向患者保证，并愿意承担相应责任，以减轻患者的心理负担。但需注意，此类保证应在排除器质性病变的前提下实施。

暗示，分为积极暗示与消极暗示、一般暗示与自我暗示等类型。积极暗示鼓励无条件接受正面信息，而消极暗示则相反。暗示的效果受患者信任度、情感状态及外界诱发因素等多重因素影响，特别是在催眠状态下，暗示效果尤为显著。

暗示的应用广泛，主要借助语言、药物及理疗等方式实施。其中，语言暗示最为直接且常见，它贯穿于解释、鼓励、安慰及保证的全过程，发挥着不可忽视的作用。然而，对于部分患者而言，单纯的语言暗示可能不足以达到最佳效果，此时应结合药物或理疗手段，以增强治疗效果。

二、心理治疗的方法

心理治疗的分类方法很多，根据对象的不同一般把心理治疗分为个别治疗和团体治疗。这两种方法具有不同的特点，对治疗心理疾病患者有不同要求，在治疗心理疾病时发挥着各自独特的优势和作用。

（一）个别治疗

1.个别治疗的概念

个别心理治疗是一种由专业医生针对个体患者，通过精心设计的会谈形式展开的心理干预手段。该疗法强调启发与引导，旨在协助患者深入剖析其心理问题的根源，即发病原因及病理机制，从而建立清晰的自我认知。医生不仅致力于帮助患者树立信心，还鼓励其加强自我修炼，勇于面对并克服心理障碍，逐步提升适应环境的能力，最终实现全面的心理康复。

　　为了有效实施个别心理治疗，医生需接受专业的系统培训，掌握高超的专业技能与深入的分析能力。此外，医生还需具备高度的耐心与良好的沟通能力，以便与患者建立信任关系，使得治疗过程顺利地进行。

　　个别心理治疗特别适用于处理神经官能症、心因性疾病以及基于性格障碍的精神健康问题。这些病症往往较为复杂且需要更为系统、个性化的心理干预方案。通过个别心理治疗，患者能够在医生的指导下，逐步解决深层次的心理困扰，实现身心的和谐与平衡。

　　2. 个别治疗的过程

　　个别心理治疗是一个系统而细致的过程，通常可划分为三个阶段，每个阶段都有其独特的目标与策略。

　　第一阶段：建立信任与倾听。此阶段的核心在于咨询员需展现出极大的耐心，全神贯注地倾听病人的叙述。这一做法不仅有助于验证病史材料的准确性，为后续诊断奠定基础，更重要的是，它构建了医患间信任的桥梁，为后续的心理治疗铺设了良好的情感基础。病人因内心困扰而倾诉，咨询员的倾听成为了一种情感的释放渠道，有助于缓解其心理压力，对病情产生直接的积极影响。此外，即便病人初期可能回避核心问题，咨询员也应通过细致引导，逐步揭示真实情况，以保证收集信息的真实性。在这一过程中，对病人情绪变化的敏锐洞察与适时安抚同样重要。

　　第二阶段：深化认知与克服阻抗。进入第二阶段，咨询员需与病人共同分析病史，探讨病因与发病机制，旨在提高病人对自身疾病的认识水平。然而，此阶段常遭遇"阻抗"现象，即病人因自卑、恐惧暴露弱点等原因而产生抵触情绪。为有效应对这一现象，咨询员需采取一系列策略：明确治疗目的与流程，增强病人信心；维护病人自尊，避免直接批评；鼓励病人参与分析，培养自我探索能力；灵活控制治疗节奏，避免激化矛盾。通过这些措施，逐步消除阻抗，使病人能够更开放地接受治疗建议，将其内化为自我认知的一部分。

　　第三阶段：巩固疗效与预防复发。最后一个阶段是巩固治疗成果，预防病情复发。咨询员应激励病人在理解病情的基础上，主动进行自我锻炼，以强化治疗效果。这一过程中，需特别关注病人的个性特点与工作生活方式的调整。例如，针对特定性格倾向的病人，提供个性化建议以扬长避短；强调劳逸结合的重要性，引导病人建立健康的生活习惯。同时，强调家庭与社会的支持作用，形成全方位的治疗与康复网络。值得注意的是，个别心理治疗的三个阶段并非孤立存在，而是相互依存、相互促进的有机整体。

（二）团体治疗

1. 团体治疗的概念

团体治疗在于利用集体的力量，通过成员间的相互交流与支持，达到促进心理健康的目的，其效果往往超越单一医务人员所能提供的帮助。该方法尤为注重增强患者的社交参与度，对于提升他们的社会适应能力具有显著作用。

适宜参与团体治疗的对象通常包括病情相似、文化层次相近的神经官能症患者。每次活动的参与者控制在 10 ～ 15 人之间，以确保每位成员都能获得充分的互动机会。活动频率建议每周 2 ～ 3 次，每次持续约 2 小时，连续进行 5 ～ 8 次构成一个完整的治疗周期。在开始前，全面了解每位患者的病因及症状特点很关键，以便定制治疗方案。

治疗过程精心规划为三个阶段：

第一阶段：认知建立。此阶段以讲座形式为主，旨在帮助患者建立对疾病的科学认知。通过权威讲解，使患者全面了解疾病性质、发病机制及有效应对策略，为后续治疗奠定坚实的理论基础。

第二阶段：自我反思与分享。鼓励患者结合个人经历进行深入自我分析，并鼓励将思考成果整理成书面材料。在团体讨论会上，成员间分享各自的心路历程与治疗体验，形成正向的相互学习与支持氛围。这一过程有助于患者从不同角度审视自身问题，促进心理成长。

第三阶段：社会适应与预防复发。通过提升患者的社会适应能力，模拟现实场景、进行角色扮演等，帮助患者学会有效应对生活中的挑战与压力。同时，制订个性化的预防复发计划，指导患者合理安排工作、学习、生活与休息，确保身心健康。对于部分需要更深入关注的患者，可辅以个别心理治疗，以实现更全面的康复效果。

2. 团体治疗的优缺点

团体咨询与治疗相较于个别咨询与治疗，展现出了诸多独特优势，尤其是在学校环境中，其适用性尤为突出。

第一，团体咨询与治疗显著提升了效率，有效缓解了资源紧张的问题。在典型学校咨询与治疗模式下，一名专职治疗师需要面对庞大的学生群体，个别咨询与治疗难以满足所有需求。而团体咨询与治疗每次可容纳6～20名学生同时参与，极大地提高了时间利用率，使得更多学生能够在有限的时间内获得帮助。

第二，团体咨询与治疗构建了一个更加贴近现实的社会环境模拟，为治疗师提供了观察与分析学生社会互动模式的宝贵机会。这种环境不仅有助于治疗师深入理解学生间的交往模式，还能促进学生的社会化进程。对于在社交方面存在困难的学生而言，团体治疗为他们提供了实践和提升社交技能的平台，有助于他们更好地融入集体。

第三，团体咨询与治疗提供了多元化的视角与情感体验。在团体中，学生之间的平等交流不仅丰富了信息来源，还增强了体验的真实性和平等感。这种环境鼓励学生主动探索与自我反思，有助于他们建立自信并改善自我认知。与个别咨询与治疗相比，团体咨询与治疗在信息多样性、体验真实性和平等性方面表现出无可比拟的优势。

第四，团体咨询与治疗在学校环境中尤为适宜，因为它更贴近学生的日常生活场景——班级。学生习惯于团体生活，团体咨询与治疗使他们能够在熟悉的氛围中接受帮助，减少了陌生感和不适应。这种体验上的连续性对于促进学生的心理健康发展具有积极意义。

当然，团体咨询与治疗并非适用于所有情况。有些学生可能更倾向于私下咨询与治疗，以维护个人隐私。然而，对于大多数学生而言，团体咨询与治疗仍不失为一种高效且有益的心理健康支持方式。学校心理医生应灵活运用这一方法，同时关注个别学生的特殊需求，以提供更加全面和个性化的心理服务。

第三节　心理咨询的过程

心理咨询过程主要表现在以下四个方面。

一、建立关系

在心理辅导与咨询的过程中，构建一种基于信任、尊重与深度心理互动的特定人际关系是重要的，这不仅是咨询初期的核心任务，还是整个辅导流程顺利展开的根本。这种关系的建立促使来访者愿意敞开心扉，分享私密困扰，并激发其改变现状的强烈愿望并采取积极配合的行动。许多心理咨询与治疗之所以未能达到预期效果，是因为未能有效构建这样一种紧密且支持性的关系。

为了奠定坚实的关系基础，心理咨询员需秉持以下四大原则：

第一，对来访者的问题保持高度关注与热情，无论问题看似多么寻常或新颖。咨询员应耐心倾听，视每一次陈述为独一无二的故事，深刻认识到每位大学生背后独特的成长背景、思想境界及个性特征，这些因素共同塑造了问题的多样性。

第二，咨询过程的保密性是增强来访者安全感的关键。这种保密性超越了日常社交的界限，为来访者提供了一个无威胁、可信赖的空间，使其能够自由探索内心世界，无须顾虑外界评判。

第三，尊重与理解是咨询关系的核心。咨询员应保持客观中立，认真倾听并珍视来访者的每一句话，即使某些信息初看之下似乎与咨询目标无直接关联，但其中可能隐藏着解决问题的关键线索。通过真诚的态度与换位思考的方法，咨询员能够深入理解来访者的独特体验，传递出尊重与接纳的信息，从而强化双方的信任与合作。

第四，合理控制咨询时间对于维持咨询效果至关重要。设定明确的会谈时长（如每次约 40 分钟），有助于来访者适应并接受咨询的节奏，使得每次会谈都能集中在最关键的信息点上。短暂而集中的会谈往往比冗长的交流更能促进来访者的学习与成长。

二、收集信息

咨询员在心理咨询过程中，通过耐心细致地交谈与倾听，能够广泛搜集到来访学生多维度的信息，这些信息构成了后续诊断分析的重要要素。此阶段的核心任务是全面且深入地收集与来访者及其所面临问题紧密相关的资料，以准确识别并界定"主要问题"。资料的丰富程度直接关系到后续心理诊断的准确性和有效性。

在信息收集的过程中，咨询员需从三个关键维度入手：时间维度、思维与情绪维度以及思维与行为维度。第一，时间维度要求咨询员不仅需要关注来访者的现状，还需追溯其过去经历及展望未来规划，以把握其发展脉络，理解其当前问题的历史根源及未来可能的影响。第二，思维与情绪维度强调了对来访者内心世界探索的重要性，包括其对自我、他人及事件的看法，以及这些看法如何引发相应的情绪反应。通过这一维度的分析，可以洞察来访者思维与情绪之间的复杂互动，识别潜在的心理冲突。第三，思维与行为维度则侧重于观察来访者在现实生活中的应对方式、行为模式及心理防御机制，以此揭示其思维与行为之间的一致性或矛盾之处，为预测其未来行为反应提供依据。

"主要问题"的识别是此阶段的关键目标，它指的是来访者最为关切、深感困扰并渴望得到改善的核心议题。由于心理咨询的特殊性，来访者在初来乍到时往往难以直接而明确地表达自己的核心困扰，可能需要经过多次会谈的逐步深入与探讨，咨询员才能准确捕捉到这一核心问题。

在收集信息的过程中，咨询员应秉持尊重与倾听的原则，避免不必要的打断，以免干扰来访者的表达与思考。同时，提问时应注重策略与节奏，避免给来访者带来过大的心理压力。尤为重要的是，在资料收集阶段应保持开放与谨慎的态度，避免过早下结论或误诊，以免对来访者造成心理伤害。

三、诊断分析提出辅导与咨询的目标

这一步的主要任务是对来访者的心理问题及对造成此问题的原因进行分析和确认，是否适宜心理辅导和咨询，要予以采访者明确的答复。在此基础上提出咨询目标，制订咨询计划。

（一）心理诊断

心理问题的确认与分析诊断是一个系统而深入的过程，它要求咨询员具备敏锐的洞察力与深厚的专业素养，能够从纷繁复杂的信息中抽丝剥茧，直达问题的核心。这一过程如同剥洋葱般层层递进，由表及里，逐步揭露问题的本质。咨询员需具备穿透表象、直视本质的能力，将模糊、抽象的问题具体化、清晰化、结构化，从而实现对深层次问题的精准把握。

在信息的整理阶段，咨询员需巧妙区分直接信息与间接信息。同时，通过对信息的一致性、一贯性及区分性的细致考量，筛选出与主要问题紧密相关的核心要素。这一过程不仅考验咨询员的逻辑分析能力，更要求其对细节有着敏锐的捕捉力。

心理诊断的核心在于对信息的综合处理与整体把握。咨询员需将收集到的信息视为一个有机整体，通过系统分析，明确各部分在整体结构中的功能与作用，进而推断出心理问题的因果关系。这一过程如同拼图游戏，每一块信息都是解决谜题的关键碎片。

对于心理诊断的策略，一位知名心理咨询专家的建议颇具启发性：第一，避免孤立看待问题，以免陷入盲人摸象的困境；第二，以全局视角审视问题场景，关注其内在结构与逻辑；第三，对于模糊或不解之处，应将其置于更广阔的背景中重新考量；第四，通过综合分析，揭示各部分信息在整体心理图景中的角色与意义，从而做出初步诊断。

心理诊断的复杂性不言而喻，它是干预措施有效性的关键。随着心理学研究的深入，一系列科学的测量方法应运而生，如个案研究、智力测验、投射技术等，这些方法的综合运用极大地提升了心理诊断的科学性与准确性。在未来的实践中，咨询员应不断探索与创新，灵活运用这些方法，以期为学生提供更加精准、有效的心理支持与干预。

（二）设定心理咨询的目标

在进行心理咨询的过程中，咨询员需在完成详尽的心理诊断后，与来访者携手设定明确的咨询目标，并据此制订咨询计划。这一过程对于来访者而言，意味着清晰了解咨询的方向与预期成果，包括具体要解决的问题、预期的改变及期望达到的状态等。为使心理诊断能够顺利转化为实际咨询目标，进而为有效的心理干预奠定基础，设定咨询目标时应注意以下五点关键要素：

第一，具体性。咨询目标应明确具体，具备可操作性，以便来访者能够清晰地理解并作出积极响应。具体目标不仅易于衡量进度，还能增强来访者的信心与参与感。例如，针对因学业挫败而丧失自信的学生，咨询目标可设定为逐步消除自卑情绪，重建学习信心，这样的目标既具体又可量化。

第二，适度性。咨询目标应建立在来访者的实际情况之上，使其通过努力能够实现。这要求咨询员充分考虑来访者的个性特征、能力水平及外部环境因素，制定出既具挑战性又不失可行性的目标。超越实际能力的目标只会增加来访者的心理压力，不利于咨询进程。

第三，心理导向。咨询目标应在心理层面上，旨在促进来访者心理健康与人格发展。即便来访者表现出某些生理症状，若这些症状与心理状态密切相关，咨询目标也应是调整引发这些症状的心理因素，而非直接针对生理表现。

第四，优先级排序。面对来访者的多重咨询需求，咨询员需根据问题的紧急程度与影响程度进行排序。例如，在处理极端负面想法、焦虑、社交恐惧及性格内向等多重问题时，应优先解决最紧迫、对来访者心理健康影响最大的问题，同时保持灵活性，根据咨询进展适时调整目标顺序或新增目标。

第五，反馈与评估。咨询目标的达成情况需定期进行检查与评估。具体、现实且可测的目标有助于直观展现咨询成效，给予来访者正面反馈，增强其继续参与咨询的动力。面对咨询进展不顺的情况，及时的评估与调整也是咨询深入有效进行的关键。通过持续的反馈与评估机制，咨询员与来访者能够共同监测进展，灵活应对挑战。

四、实施心理干预

这是心理咨询的关键性阶段，表现为来访者的心理问题得以解决，心理障碍得到矫治，咨询过程准备结束。它包括接受咨询与准备结束两个阶段。

（一）接受咨询

1. 明确咨询员的任务

心理咨询的一个重要假设是要来访者自己回答出他是怎样一个人，他的问题是什么，他是否想解决这一问题，他是否想做出自己的努力等问题。咨询员的角色是提供一种对来访者有利的外在环境和良好的人际关系，运用相关的心理咨询理论与方法，对来访者提出某些说明、解释、意见和建议，促使其领悟和学习，达到自我的改变和增长。另外，帮助来访者成为自己的咨询员，是心理咨询的最终目标。因为咨询员提供的一切外因都只是变化的条件，而来访者内心的改变等内因才是变化的根据。

2. 领悟

在心理咨询的过程中，咨询员协助来访者深入探索自我，重新审视与问题相关的内在"情结"，进而促发深刻的自我领悟。这一过程不仅有助于减轻问题的严重程度，还能帮助来访者构建更加坚韧的心理平衡，即使面对挑战也能保持内心的稳定与力量。即便问题本身可能尚未完全消失，但来访者已开始展现出积极的变化迹象，标志着其内在力量的觉醒。

领悟的力量在于它能够激发来访者内心深处的转变，促使他们主动探索自我，寻找问题的根源。这一过程为来访者提供了改变外在行为的理论依据和强大动力。例如，当来访者因心理因素导致的生理不适而困扰时，咨询员通过引导，帮助来访者认识到其症状的心理成因，打破原有的错误认知框架。一旦来访者意识到自己的不适更多是由心理因素而非生理疾病所致，他们便能更加理性地看待和处理这种不适，从而减少焦虑和恐惧。

随着领悟的深入，来访者将逐渐掌握自我调适的方法，理解不良行为模式背后的心理逻辑，进而产生强烈的动机去改变这些模式。咨询员与来访者共同探讨并实施行为改变策略，鼓励来访者将新的认知转化为实际行动，逐步克服原有的心理障碍。

在这一阶段，来访者不仅解决了当前的心理问题，更重要的是，他们学会了如何进行自我调适，学会了如何在未来的生活中有效应对类似的挑战。咨询员的角色逐渐从主导转变为支持，来访者则逐渐成长为自身问题的最佳解决者。这种转变标志着来访者在心理健康成长的道路上迈出了坚实的一步，向着更加健康、积极的生活方向稳步前进。

3. 支持

在心理咨询过程中，咨询员通过运用"正强化"策略，以及引导来访者以积极、有益的态度面对生活中的事件与情境，能够有效减轻其焦虑情绪，促进其积极行为模式的形成与发展。然而，在实施支持性措施时，咨询员需保持高度的审慎态度，来保证干预的有效性和适宜性。

第一，咨询员在给予来访者保证或鼓励时，必须基于现实情况出发，避免空洞无物的承诺。过于乐观或不切实际的保证不仅无法真正帮助来访者，反而可能削弱其信任感，对咨询进程产生负面影响。因此，咨询员的话语应充满诚意且切实可行，让来访者感受到真实的支持与希望。

第二，"正强化"作为一种有效的激励手段，其应用同样需谨慎。咨询员需明确奖励的具体内容、方向及预期效果，使得奖励能够真正促进来访者的积极改变而非产生不良作用。在实施过程中，应避免鼓励那些可能对咨询产生负面影响的行为，同时警惕因过度依赖咨询员的表扬而导致的迎合行为，以免加重来访者的依赖心理并延长咨询周期。

　　理想的咨询进展是来访者能够逐渐学会自我激励，减少对外部奖励的依赖。然而，在咨询初期，由于来访者往往缺乏自我奖励的能力，咨询员的支持与奖励就显得尤为重要。此时，咨询员应适度运用"正强化"，通过真诚的表扬、鼓励和支持来激发来访者的内在动力。

　　4.解释

　　解释是心理咨询中咨询员为来访者提供的一种新颖视角，旨在引导他们重新审视现实世界，从而看到问题的另一面。在这一过程中，咨询员所运用的解释必须基于深厚的理论基础，且需充分考虑不同理论的适用性与局限性。例如，心理分析学派倾向于深入挖掘被压抑的潜意识内容，而认知学派则侧重于通过理性思考帮助来访者更现实地认识世界。咨询员在运用解释时，务必明确解释的内容、时机与方式，避免生搬硬套或牵强附会，这样才能真正发挥解释作为"有力武器"的作用。

　　帮助与改变阶段是心理咨询的核心环节，对咨询员而言，这一阶段既是任务最为繁重的时期，也是最能展现其创造力与充满挑战性的阶段。在此阶段，咨询员需充分发挥个人智慧与专业技能，灵活运用各种方法与技术，为来访者量身定制解决方案，助力其实现真正的改变与成长。这要求咨询员不仅要具备扎实的理论基础与丰富的实践经验，还要保持高度的敏锐度与创新能力，不断探索与尝试新的咨询策略与技术，以期达到最佳的咨询效果。

　　因此，对于咨询员而言，帮助与改变阶段既是一个充满挑战的过程，也是一个实现自我价值、提升专业能力的宝贵机会。通过不断的学习与实践，咨询员可以不断提升自己的咨询技巧与策略水平，为来访者提供更加优质、高效的心理咨询服务。

　　（二）结束阶段

　　心理咨询实施一段时间，取得满意的咨询效果后，应进入结尾阶段，以便结束咨询。咨询阶段的长短不同，结尾阶段的开始时间也有所不同。假如预先设定 10 次会谈之后结束咨询，那么最后两次会谈就应将重点转移到结束期的工作上；假如是持续一年之久的咨询，则应在最后一两个月逐步开始准备结束。在结尾阶段应注意如下三点。

1. 综合所有资料，做出结论性的解释

在心理咨询的渐进过程中，咨询员需持续从来访者处收集最新的心理信息，以便精准把握其心理动态与反应模式。这一过程中，咨询员不仅扮演着信息接收者的角色，更是解释者与引导者的合体。通过及时、深入的解释与说明，咨询员帮助来访者认清自身行为背后的逻辑与动机，促进其自我觉察与领悟，从而激发其内在的改变动力。

随着咨询进程的推进，特别是在接近尾声之际，进行一次全面而深入的总结性讨论显得尤为重要。这一环节不仅是对整个咨询过程的回顾与梳理，更是对来访者个人成长的肯定与鼓励。咨询员应综合所有收集到的资料，为来访者提供一份详尽而中肯的结论性解释与建议。这份综合性的评语，不仅是对咨询成果的概括与升华，更可能成为来访者人生旅途中的一盏明灯，指引其未来在人际交往与自我成长道路上的方向。

2. 帮助来访者举一反三，学习应用咨询经验

心理咨询的终极目标，旨在促使来访者将咨询过程中的所学所得——新知识、新领悟与宝贵经验，自然而然地融入日常生活的点滴之中。更为深远的期望是，来访者能够在未来的日子里，无须外界的直接指导与辅助，依然能够凭借自我力量持续学习、不断成长，直至达到心理与人格的全面成熟。这不仅是咨询过程的圆满句号，更是来访者人生旅程的新起点。

因此，在咨询即将画上句点之际，咨询员扮演着重要的角色转换者。他们需以温和而坚定的方式，向来访者展示其在咨询旅程中获得的显著成长与成熟，同时明确指出仍需关注与努力的方向。在这一过程中，咨询员会引导来访者共同回顾咨询之初设定的目标，探索认知的历程以及关键解释的精髓，以此检验并确认咨询目标的达成情况，从而进一步巩固并深化咨询成果。

咨询员需巧妙调整自身角色，逐渐从主导者转变为旁观者，鼓励来访者独立自主地承担起改善心理状况的责任。这意味着，咨询员应赋予来访者更多的自主权与积极性，让他们在实践中学会自我调适、自我成长，最

终成为自己心理健康的真正主宰者。如此，心理咨询方能实现其深远的意义与价值，为来访者的未来铺设一条充满光明与希望的道路。

3.准备结束，接受离别

部分来访者在长期的心理咨询过程中，可能会发展出对咨询员的依赖心理，甚至产生情感上的依恋，导致对咨询结束的抗拒与不舍。面对这种情况，咨询员需以理解和耐心的态度，帮助来访者认识到每一段经历都有其自然的终结，鼓励他们在现实生活中勇敢地迈出独立自主的步伐。对于依赖性特别高的来访者，咨询员应采取渐进式的结束策略，逐步减少咨询频率与深度，直至最终平稳过渡至完全自主的状态。

心理辅导与咨询的过程是一个系统性工程，它细分为四个紧密相连的阶段：第一，建立关系阶段，这是后续工作的基础，通过构建信任与尊重的咨询关系，为后续交流奠定良好开端；第二，收集信息阶段，咨询员需全面收集来访者的背景信息、问题细节等，为诊断分析提供翔实依据；第三，诊断分析阶段，通过对收集到的信息进行综合评估，明确问题的本质与根源；第四，实施干预阶段，基于前期分析，制定并实施针对性的辅导计划，促进来访者的积极改变。这四个阶段环环相扣，每一个阶段都承载着特定的任务与价值，共同构成了一个完整、有机的咨询体系。任何一环的缺失或薄弱，都将直接影响到整个心理辅导与咨询的效果与质量。

第六章
大学生心理健康教育方法与技术实践

第一节　大学生心理健康教育方法与实践

一、团体心理辅导

（一）团体心理辅导的类型 ❶

1. 发展性团体心理辅导

发展性团体心理辅导作为当下最为普遍的团体辅导模式之一，尤其在学生及个体的成长与发展阶段备受瞩目。其核心是促进个体的自我成长与完善，吸引的主要对象是那些身心健康或面临轻微困扰、渴望深化自我认知与潜能挖掘的个体。参与者普遍怀揣着提升自我认知、最大化个人潜能及实现自我价值的美好愿景。

发展性团体心理辅导根植于一个深刻的基本理念：人生是一场不断前行的成长之旅，其间布满了各式各样的挑战与障碍。正是这些挑战与障碍，构成了心智成熟的磨砺石。当个体勇于面对并克服这些困难时，其心

---

❶ 李军霞. 校园团体心理辅导理论与实务［M］. 长春：东北师范大学出版社，2018.

智与能力便能在逆境中茁壮成长。

此辅导模式强调团体成员的主动融入与深度自我探索，通过集体互动激发个人的内在力量，增强自尊感与责任感，进而推动个人整体素质的飞跃。具体实践中，发展性团体心理辅导可涵盖多种形式，如领导力培养团体、个人成长促进团体等，旨在通过多样化的活动设计，引导成员在团队协作与自我反思中，逐步实现个人潜能的最大化释放与自我价值的深刻领悟。

2. 训练性团体心理辅导

训练性团体心理辅导，作为一种高度专注于人际关系技巧培养与提升的专业辅导形式，专为那些渴望在人际交往中更加游刃有余、构建和谐人际关系的人而设计。其核心在于利用团体这一特殊环境，通过一系列精心设计的行为训练活动，引导成员们逐步掌握有效沟通的秘诀、问题解决的策略、决策制定的技巧以及自我表达的艺术。

具体而言，训练性团体心理辅导囊括了诸如敏感性训练团体、社交技巧强化训练营等多样化的实践平台，旨在通过模拟真实社交场景，让成员们在互动中亲身体验、深刻领悟并熟练掌握处理复杂人际关系的技能。这种辅导方式不仅关注知识的传递，更重视技能的内化与应用，鼓励成员们将所学所得转化为实际行动，从而在日常生活中展现出更加成熟、自信的人际交往风貌。

训练性团体心理辅导具有三大鲜明特性：第一，它强调"此时此地"的即时性，即成员在当前团体环境中的表现与成长，避免过度纠缠于过去的经历与行为；第二，它重视辅导过程的本身，而非仅仅关注最终达成的内容或结果，因为过程中的体验与领悟往往比单纯的知识掌握更为重要；第三，它倡导建立真诚、相互尊重且有利于彼此成长的人际关系，鼓励成员们在相互支持、鼓励的氛围中共同进步。

3. 治疗性团体心理辅导

治疗性团体心理辅导，作为一种专为面临特殊心理问题挑战的人群设计的深度干预手段，其核心在于利用团体这一独特的治疗环境，整合多种治疗元素，如无条件的支持、深切的关怀以及安全的情感宣泄空间，旨在帮助成员们从根本上改变自己的人格结构，提升自我意识，最终达到心理康复的目标。

此类团体心理辅导活动，如考试焦虑治疗团体、社交障碍矫正团体等，均体现出成员们具体而深重的心理困扰，如焦虑、抑郁等情绪障碍及相关的行为异常。这些团体往往采用长期且系统的干预策略，以应对成员们所经历的复杂心理问题和深层次的人格挑战。

在治疗性团体中，处理过去的经验影响及潜意识中的负面因素占据了核心地位。通过专业的引导与探索，成员们被鼓励回顾并理解自己的成长历程，识别并面对那些可能阻碍其心理健康发展的潜在因素。同时，治疗性团体也致力于促进成员们的人格转变，通过积极的心理重塑，帮助他们建立更加健康、稳定的人格基础。

4.心理教育团体

心理教育团体，这一独特的组织形式，巧妙地将心理辅导的温暖关怀与信息教育的知识传递融为一体，旨在为参与者提供全方位的心理支持与学习体验。在医院环境中，当病人能够全面而深入地了解自身疾病的相关知识时，他们往往会有一种掌控感，并感到安心，这种积极的情绪状态不仅有助于病人恢复心理健康，也促进了病人与医生之间更加顺畅、有效地沟通。

但是，在心理教育团体的开展过程中，我们必须明确一个核心原则，即以满足组员情绪上的需求为主，而将信息上的需求置于辅助地位。这意味着，尽管提供必要的知识与信息是不可或缺的一环，但更重要的是关注并回应组员在情感层面的需求与感受。领导者应当具备高度的同理心与敏锐度，能够准确捕捉并适时回应组员的情绪变化，为他们创造一个安全、包容、支持性的学习环境。

为了实现这一目标，领导者在引导心理教育团体时，需特别注意避免使用过于艰涩难懂的术语和过量的数据信息。相反，他们应当采用具体、浅显、清晰的解说方式，将复杂的概念与知识转化为易于理解的语言和实例，使每位组员都能轻松掌握所学内容。同时，领导者还应通过积极的引导与互动，激发组员的参与热情与学习兴趣，让他们在轻松愉快的氛围中收获知识与成长。

5. 身心灵全人健康模式团体

有心理困扰或身体疾病的人，往往更有人际交往、经济、情感和精神上的需要。

身心灵全人健康模式团体强调人是一个整体，强调身、心、灵三者的整合，旨在促进个体的整体健康和生命价值的提升。团体提供多方面的信息，包括病患相关知识、健康饮食、保健运动、人际支持网络、义务支持服务、静修冥想练习、情绪及心灵成长课程。

（二）高校团体心理辅导的组织与实施

在高校这一充满活力与挑战的学习与生活环境中，大学生们普遍处于相似的身心发展阶段，共同面对着诸多发展课题与成长困扰。在这一阶段，他们尤为重视同伴间的评价，更倾向于倾听并接受同龄人的见解与建议。这一特性为团体心理辅导在高校的广泛应用奠定了坚实的基础，展现了其广阔的发展前景。

为使得高校团体心理辅导活动能够精准对接大学生的实际需求，有效促进其心理健康与人格发展，我们必须严格遵循团体心理辅导工作的基本原理与规律。具体而言，这要求我们在策划与实施团体心理辅导活动时，首先要明确活动的核心目标与主题，使其紧密贴合大学生的成长需要，这样才能够针对性地解决他们所面临的实际问题。

1. 确定团体心理辅导的主题

主题是团体心理辅导的灵魂，团体的一切工作都必须围绕着主题来开展。根据高校心理健康教育的内容和目标，高校团体心理辅导涉及的主题主要包括人际交往（同学、师生、亲子）、异性交往、情绪管理、压力应对、认识自我、自信心提升、潜能开发、生涯发展、新生适应、班级凝聚力、学习行为等与大学生心理成长相关的问题。确定团体心理辅导的主题首先要确定团体的性质和目标。

（1）团体的目标。在高校团体心理辅导的广阔领域中，目标是引领整个辅导过程的核心航标，它不仅承载着对辅导效果的预期，更是确保活动顺利进行并取得成功的关键。一个清晰、具体且可操作的目标，如同航海中的明灯，为团体成员指明了方向，激励着他们共同努力，向着既定的目标迈进。

当团体目标与成员的主观需求高度契合时，这种共鸣将极大地增强团体的凝聚力。成员们会因为共同的目标而更加紧密地团结在一起，相互支持，共同进步。这种积极的氛围将极大地提升辅导的效果，使成员们在相互的启发与激励中，实现个人与团体的共同成长。

针对高校大学生的特点与需求，团体心理辅导的目标可以大致划分为两大类别：

①以解决适应性困难为导向的团体心理辅导。此类辅导主要为解决大学生在适应新环境、建立新关系等方面所遇到的挑战。以新生适应团体为例，其首要目标便是帮助初入校园的新生迅速适应陌生的环境，消除因环境变化而产生的陌生感与孤独感，从而感受到集体的温暖与力量，为接下来的学习生活奠定良好的心理基础。同样，人际沟通团体致力于提升大学生的人际交往能力，通过一系列的活动与训练，协助成员们观察与学习人际吸引与沟通技巧，体验积极沟通带来的愉悦与满足，同时正视并接纳沟通中的差异性，从而全面提升其人际交往技能。

②以促进素质全面发展为目标的团体心理辅导。此类辅导则着眼于大学生的长远发展，旨在通过多元化的辅导活动，促进大学生综合素质的全面提升。生涯规划团体心理辅导便是其中的典型代表。它聚焦于帮助学生规划职业生涯，更重要的是引导他们形成"生涯发展"的先进理念，促使他们深入思考自己的职业价值观、兴趣与能力所在，从而更加清晰地认识自我、了解自我。在此基础上，学生将学会如何根据自己的实际情况进行科学的生涯规划，明确未来的发展方向与目标，并付诸实践，努力实现自我理想与人生价值。这一过程不仅有助于学生在学业上取得优异成绩，更将为其未来的职业生涯与人生道路奠定坚实的基础。

（2）团体的名称。在策划团体心理辅导活动时，精准选择与大学生学习生活、成长发展息息相关的主题尤为重要。为了使主题贴近学生实际，我们在确定之前应积极邀请相关学生参与讨论，共同挖掘他们当前最为关切的问题与需求。关于主题命名，以下两点尤为关键：

①名称应通俗易懂，直击心理需求的核心。它必须顺应大学生的语言潮流与审美偏好，避免使用晦涩难解、指令性强或带有刻板印象的词汇，这些词汇可能成为阻止学生参与的障碍。以高职高专学生为例，面对普遍的学习动力不足问题，若直接将活动命名为"压力应对"，虽直截了当，但可能缺乏吸引力。相反，"与压力共舞"这样的名称，则巧妙地寓含了积极面对挑战、与压力和谐共处的态度，更能激发学生的参与热情与共鸣。

②名称需与欲解决的核心问题紧密相连，避免大而化之、不切实际的表述。夸大其词的名称虽可能一时吸引眼球，但长远来看却会损害学生对团体心理辅导的信任。例如，将"革新未来"作为生涯探索团体的名称，虽充满鼓舞性，却因涵盖范围过于宽泛，可能导致学生产生不切实际的期待，反而不利于辅导效果的实现。因此，在命名时应力求精准，名称应能够准确反映活动的核心目标与内容，帮助学生建立合理的预期，从而更好地投入到辅导过程中去。

2.设计团体心理辅导活动方案

设计团体辅导活动方案是指在清楚团体辅导性质、目标与主题的基础上，进一步确定如何开展团体辅导，以取得相应的工作效果。一般来说，高校团体辅导方案设计首先要遵循匹配性强、易于操作、安全性强的总原则。其次要落实各项具体内容，具体来讲包括环节选择与设计、场地选择与道具储备、确定领导者。在方案设计完成后，还应进行讨论和修正，并开展预练，以达到最佳的辅导效果。

（1）环节选择与设计。一次成功的团体心理辅导犹如精心构建的工程，囊括了一系列紧密相连、相辅相成的环节，每个环节都承载着独特的使命与功能。这些环节不仅需深刻体现活动主题，巧妙隐藏心理表征，更要营造出积极向上的团体氛围，激发成员内在的心理动机，有效转化心理冲突。在设计时，组织者需细致入微，使得各环节既能独立成章，又能自然衔接，形成张弛有度、节奏流畅的整体流程。

具体而言，团体心理辅导的设计应涵盖热身与分组技巧、流程控制与转接、作业设计、材料运用以及时间管理等多个方面。热身环节旨在打破冰点，增进成员间的初步了解与信任；分组技巧则需考虑成员特性，促进小组内部的互动与合作。流程控制与转接则是活动有序推进的关键，它要求组织者具备敏锐的洞察力与灵活的应变能力，以适时调整节奏，保持活动的连贯性与吸引力。

作业设计作为心理辅导的深化环节，应紧密围绕主题，鼓励成员深入探索自我，增进自我认知与理解。同时，合理选择与使用材料也是提升活动效果的重要因素，能为成员提供直观的学习体验与深刻的情感触动。时间管理则关乎活动的整体效率与成员的参与度，需精细规划，使每个环节都能得到充分的展开与深入的探讨。

（2）场地选择与道具储备。组织者应深刻认识到场地与道具在团体心理辅导中的潜在促进作用，它们虽为物化元素，但通过巧妙的设计与运用，能显著增强团体动力，激发意想不到的心理辅导效果。在选择与布置场地时，首要考虑的是其宽阔性、舒适度和明亮度，宽阔、舒适、明亮的环境有助于成员放松身心，更好地投入活动。同时，场地还需配备必要的硬件设施，使各类心理辅导活动能够顺畅进行，满足成员多样化的需求。

为进一步提升团体心理辅导的氛围与效果，可灵活运用音乐、视频等多媒体元素，营造出与活动主题相契合的工作环境。音乐能激发情感共鸣，视频则能提供直观的学习材料。两者相结合，有助于加深成员对心理辅导内容的理解与体验。

高校作为团体心理辅导的重要阵地，应充分发挥其资源整合优势，合理利用并节约人力、物力、财力等资源，为心理辅导活动创造更多有利条件。例如，可以充分利用校园内的室外资源，如操场、画廊等，将其改造成富有特色的心理辅导场地。这些场地不仅能够提供更为开放、自然的活动环境，还能增强成员的参与感与归属感。

在道具储备方面，面对资金有限的情况，高校应鼓励创新思维，积极寻找并尝试使用替代品。通过自制道具、借用共享资源或利用自然物品等方式，既能节省开支，又能激发成员的创造力与动手能力，为团体心理辅导增添更多趣味性与实效性。

（3）确定领导者。高校团体心理辅导的领导者队伍由多元化的角色构成，包括专职教师、辅导员以及高年级朋辈互助员，他们各自在专业技巧、工作经验及时间投入上展现出不同的优势与特点。一名合格的团体心理辅导领导者，其核心素养在于拥有健全的人格特质，这是建立信任与连接的基础。同时，他们需对团体心理辅导理论有深刻的理解，能够灵活运用这些理论指导实践。在人际交往方面，优秀的领导者应擅长构建和谐的互动关系，营造积极向上的团体氛围。

此外，掌握基本的领导技能与专业技巧是不可或缺的，这包括引导讨论、处理冲突、促进自我探索等能力。丰富的咨询经验则能让领导者更加敏锐地捕捉成员的心理动态，提供精准有效的支持。

在选拔与匹配领导者时，还需充分考虑团体心理辅导的主题与层次需求。例如，针对新生环境适应团体，由于其主要是帮助成员快速融入新环境，对专业技巧的要求相对较低，因此辅导员或高年级朋辈互助员便能胜任，他们贴近学生生活，易于建立共鸣。然而，情绪管理团体等更为复杂、深入的辅导活动则需要由具备丰富团体心理辅导工作经验的专职心理教师来引领，他们能够更深入地引导成员探索自我，有效处理情绪问题。

3. 甄选团体成员

针对高校心理健康教育部门提供的团体心理辅导服务，大学生的态度一般表现为两种，一种是不愿或不敢参与活动，另一种是过于依赖活动，没有选择性地参加。大学生自主意识强，既不能通过强制的方式要求他们参加，也不能没有筛选，违背心理教育原则，让所有有意愿的学生任意参加。在开展团体心理辅导前，组织者必须做好甄选团体成员的工作。

（1）招募。

①宣传。利用多样化的校园传播渠道，包括海报、校园广播、校园网平台、校园电视台节目、校刊校报、学生活跃的 QQ 群及博客等，全面而生动地宣传即将开展的团体心理辅导活动的主题、目的、意义及参与方式，旨在吸引并激发全体学生的兴趣与参与意愿，有效招募适合的团体成员。

②动员。动员工作细分为三大方向：一是辅导员、班主任及任课教师在日常教学与管理中，若识别出个别或部分学生可能受益于团体辅导，应积极鼓励并推荐其参与；二是针对心理普查中筛查出的具有相似心理成长需求的学生群体，进行针对性的动员，引导他们加入相应的团体心理辅导；三是心理专职教师在日常咨询工作中，若遇到适合通过团体辅导方式促进成长的个案，应提供专业建议，鼓励并辅助其加入合适的团体心理辅导活动。

（2）筛选团员。

①筛选原则。组建团体心理辅导成员时，需秉持三项核心筛选原则，以确保团队效能最大化。第一，成员需自愿报名，并展现出强烈的自我改变意愿。第二，成员应具备开放交流的心态与能力，乐于并能够有效与他人沟通互动，这有助于促进团队内部的深度对话与相互理解。第三，成员需承诺坚持参与所有团体活动，并严格遵守团体规则，以维护团队的稳定与和谐，共同推动团体辅导目标的实现。

②筛选方式。报名阶段结束后，将依据团体心理辅导的具体性质、既定目标及核心主题，对报名者进行细致筛选。在这一过程中，我们将综合考虑报名者的参与动机、当前心理状况以及与潜在领导者的匹配度等因素。通过科学评估与精心挑选，保证每位入选成员都能与团体辅导活动高度契合，从而为成员提供最有效的心理支持与成长契机。

4. 开展辅导活动

团体心理辅导的各项准备工作就绪后，便进入到辅导实施阶段。无论具有什么主题、目标、规模，一个完整的团体心理辅导都分为几次完成，每次的辅导活动都要经历以下四个过程,并且每个过程都是连续的、相互影响的。在高校开展团体心理辅导也是如此。

(1)团体初创阶段。

①团体初创阶段任务:在团体心理辅导的初创阶段,鉴于成员普遍存在的安全感缺失、依赖性强、陌生感与困惑交织的心理状态,首要任务是构建一个安全、温馨且包容的团体环境。这一环境需能够有效消除成员的疑虑与不安,促进成员间的初步认识与了解。同时,强化团体规范,通过集体讨论共同订立团体契约,明确成员间的权利与义务,为后续的团体活动奠定坚实的信任与合作基础。

②团体初创阶段实施要点:针对大学生群体具有的心理特点,如思维活跃、对新事物充满好奇、参与热情高涨、对心理辅导抱有较高期望,以及在自我认知与社会化过程中表现出的主观性与个性特质,领导者需采取更为精准有效的策略来掌控初创阶段的进程。第一,明确动机,缓解焦虑。可以通过简短而富有启发性的微型演讲,帮助成员理清参与团体心理辅导的初衷与期望,同时以自然、温暖的沟通方式缓解成员的紧张情绪。演讲内容应贴近实际,避免空洞无物,使每位成员都能感受到被重视与理解。第二,促进认识,拉近距离。精心设计一系列既符合大学生兴趣又具有挑战性的热身游戏(破冰活动),旨在快速打破成员间的隔阂,促进相互间的熟悉与了解。这些游戏应富有创意与趣味性,避免过于简单或幼稚化,确保成员能够积极参与并享受过程,从而在轻松愉快的氛围中建立起初步的信任与合作关系。第三,引导讨论,自主契约。当成员间建立起基本的信任与沟通桥梁后,领导者应适时引导成员进入深入讨论阶段,鼓励大家围绕团体规范、目标设定等议题发表看法,共同协商并自主订立团体契约。这一过程不仅有助于增强成员的归属感与责任感,还能为后续团体活动的顺利开展奠定坚实的基础。

(2)团体转换阶段。

①团体转换阶段任务:在团体心理辅导的转换阶段,成员们正处于一个心理与行为的微妙过渡期。他们既渴望积极融入团体、寻求归属感,又

因担心不被接纳或遭受排斥而感到焦虑与不安。此阶段的核心任务在于进一步巩固并提升团体的凝聚力，促进成员间建立起基于合作与互信的关系。同时，鼓励成员勇于表达个人见解，正视并妥善处理团体内可能出现的冲突，以推动团体心理辅导向更深层次发展。

②团体转换阶实施要点：针对大学生群体在转换阶段特有的心理需求与行为表现，领导者需采取一系列精细化的实施策略。第一，营造开放氛围，促进互动接纳。创造一个宽松、包容的心理环境，鼓励成员就团体内部出现的问题展开开放而诚实的讨论。通过积极互动，帮助成员逐渐消除隔阂，增进相互间的理解、接纳与信任。第二，精准识别矛盾，适时介入引导。针对成员中普遍存在的渴望融入与恐惧受伤的矛盾心理，领导者需具备敏锐的洞察力，精准识别并把握介入时机。需采取既支持又适度施压的策略，帮助成员克服心理障碍，顺利融入团体。第三，有效管理情绪，转化冲突焦点。面对成员的焦虑、阻抗等负面情绪及潜在的团体冲突，领导者需及时介入，给予正面解释与引导。通过转化矛盾焦点或引入积极象征性议题，有效缓解紧张氛围，维护团体和谐。第四，自我开放示范，增强信任纽带。领导者应勇于自我开放，真诚地分享个人见解与感受，以此作为对成员的示范与鼓励。通过展现真诚、接纳的态度与行为，进一步加深成员对领导者的信任与依赖，从而强化整个团体的凝聚力与稳定性。

（3）团体工作阶段。

①团体工作阶段任务：团体工作阶段是团体心理辅导的核心环节，其重要性不言而喻。在此阶段，主要任务是在营造的积极、和谐的团体氛围中，鼓励成员全身心地投入，通过成员间的紧密合作与互动，探索并实践新的行为模式，旨在实现认知结构的重构与升华。这一过程不仅促进了成员间的相互理解与支持，也为个体心理成长与行为转变提供了宝贵契机。

②团体工作阶段实施要点：鉴于大学生群体独特的心理特点，如具有强烈的成就动机、对社会评价敏感以及易受同辈影响等，领导者在团体工作阶段应更加精细地规划与实施辅导策略。具体而言，需注意以下两点：第一，激发深度参与，识别伪认同。鼓励成员积极分享个人经历与成长感

悟，促进彼此间的真诚交流。在此过程中，领导者需保持敏锐的洞察力，识别并适时干预可能出现的伪认同现象，即通过具体提问引导成员深入思考，使得讨论内容真实、具体且具有启发性，从而帮助成员经历真正有价值的心理分析与成长过程。第二，利用团体动力，促进行为实践。将团体视为一个安全的实践平台，鼓励成员在此环境中勇于尝试新的心理与行为模式。通过多样化的团体活动形式（如讲座、讨论、写作、角色扮演等），根据辅导的具体目的、类型及成员特点灵活选择，旨在帮助成员在互动中发现自我优势与不足，进而在实践中不断调整与改进，为现实生活中的应用奠定基础。

（4）团体结束阶段。

①团体结束阶段任务：随着团体心理辅导步入尾声，成员们往往会面临情感上的波动与挑战，如失落感、对未来不确定性的担忧以及行为上的退缩等。在这一阶段，主要任务在于巩固已取得的辅导成果，强化成员们所做出的积极改变，并帮助他们将在团体中学到的技能与态度有效迁移到日常生活与未来的社会实践中，以更加积极的心态迎接外部环境的变化与挑战。

②团体结束阶段实施要点：鉴于团体成员均为在校大学生，即便团体辅导结束，他们仍有诸多机会保持联系与交流，这一特性为巩固辅导效果提供了有利条件。因此，在结束阶段，领导者应着重加强成员间的联系与互动，具体措施如下：

第一，回顾历程，深化体验。引导成员共同回顾整个辅导过程，通过分享各自的心路历程、感受与成长变化，加深对自己及团体经历的理解与认同。这一过程不仅有助于巩固成员所获得的宝贵经验，还能增强他们的自我效能感与归属感。

第二，情感交流，加深联结。组织温馨而富有意义的告别活动，如互赠自制小礼物、发表鼓励与祝福的话语等，以此加深成员间的情感联系与相互支持。这些活动不仅能够缓解成员的失落感，还能激发他们对未来的美好憧憬与积极态度。

第三，规划未来，共筑愿景。鼓励成员利用已建立的团体关系，共同探讨未来的打算与计划，设定个人及团体的发展目标。这一过程有助于成员将团体辅导中的所学所感转化为实际行动，为未来的成长与发展奠定坚实基础。

第四，总结展望，鼓励应用。领导者应发表总结性演讲，回顾整个辅导过程与目标达成情况，强调成员们所取得的进步与成就。同时，鼓励成员将团体辅导中的体验与收获积极应用于现实生活中，成为彼此成长的见证者与支持者。通过这样的总结与展望，不仅能为团体辅导画上圆满的句号，还能为成员们的持续发展注入新的动力与信心。

5.进行效果评估

团体心理辅导效果评估是指通过不同方法，搜集能反映团体心理辅导效果的各种资料，帮助团体领导者及成员了解团体心理辅导的成效，以发现问题、积累经验、提升工作水平的过程。总体而言，为了更有效地开展高校团体心理辅导工作，组织者要遵循操作性强、实用性突出的原则，了解效果评估的工作内容与方法。

（1）效果评估的内容。

①团体领导者的评估：团体心理辅导活动结束后，领导者应进行全面而深刻的自我反思与评估。这一过程不仅是对辅导成效的检验，更是提升专业能力与水平的关键环节。领导者需细致对比预设目标与实际成效，审视辅导过程与既定计划的契合度，探究任何偏离计划的原因，并据此调整未来的策略。同时，评估辅导方法的适用性与有效性，考察其是否精准对接了成员的实际需求及成员的满足程度。此外，领导者还应积极总结活动过程中的新发现、新经验，将其视为专业成长的宝贵财富，以期在未来的团体心理辅导中更加游刃有余。

②团体成员的自我评估：成员的自我评估是评估体系中不可或缺的一环，它直接反映了辅导活动对个体的实际影响。成员需诚实地评估自己在活动中的参与度，包括心理状态的变化、投入程度、对他人尊重的体现以及协作精神的展现等。同时，成员应对团体辅导的成效给予客观评价，分

享个人成长与收获，指出团体运作中的优点与不足，并提出建设性的改进建议。此外，成员还应进行长期的自我追踪评价，观察并反思团体辅导对其日常生活与行为模式的深远影响，以此衡量辅导效果的持续性与广泛性。

③团体方案、过程和结果评估：第一，方案评估。着重考察辅导方案在实施过程中的完善程度，评估其是否充分满足了成员的参与需求，以及方案目标是否明确且具有可操作性。通过反馈收集与分析，不断优化方案内容，使其更加贴近成员实际，提升辅导的针对性与实效性。第二，过程评估。全面审视团体关系、氛围营造、活动执行、突发事件处理及结束阶段的妥善安排等方面。特别关注成员间的互动质量、领导者的引导效果以及团体动力的发展态势。通过过程评估，识别辅导过程中的亮点与不足，为后续改进提供明确方向。第三，结果评估。综合成员对团体的主观感受、满意度评价以及行为变化的客观数据，全面而客观地评定团体咨询的最终成果。通过结果评估，不仅能够验证辅导活动的有效性，还能为未来的工作改进提供有力依据。

（2）效果评估的方法。

①行为量化法：领导者可设计一份详尽的观察记录表，引导团体成员自我观察并记录特定行为（如非适应性行为）的出现频率及变化。同时，鼓励成员间相互观察记录，增加数据的客观性和全面性。此方法不仅便于量化成员的外显行为、情绪及思维改善情况，还为心理健康教育研究提供了宝贵数据支持，同时促进了成员自我反思与行为调整。

②心理测验法：选用经过严格验证、具有高信度与效度的标准化心理量表，对团体成员进行前测与后测，通过对比分析评估辅导效果。相较于行为量化法，心理测验法提供了更为权威、客观的量化依据，有助于准确判断辅导是否达到预期目标，为辅导成效提供有力证明。

③问卷调查法：领导者可精心设计一套"团体成员自我评估问卷"，问卷形式可结合开放式与封闭式问题，全面覆盖团体心理辅导的过程、主题、目标、氛围及领导者的工作方式等多个维度。通过成员的主观反馈，

深入了解辅导效果及成员满意度，为领导者工作总结与技能提升提供宝贵参考，同时也是对领导者工作绩效进行有效考评的重要途径。

④主观报告法：鼓励团体成员通过撰写日记、自我报告等方式记录参与辅导的心路历程与成长变化；同时，领导者也应保持详细的工作日志与观察记录，综合多方信息全面评估团体发展与辅导效果。主观报告法不仅是对团体辅导经历的深刻总结，也是领导者与成员共同反思、寻找不足、持续优化的重要工具。通过这种方法，可以更加全面地巩固教育成果，推动团体心理辅导工作的不断完善与发展。

二、心理健康课外教育活动的设计与实施

（一）课外教育活动的设计步骤

1. 确定活动主题

活动主题是贯穿整个心理健康教育活动的灵魂，其选定相当重要。在选择活动主题时，我们可以从多个维度出发。

首先，可以紧密围绕心理健康教育的主要内容和目标来构思主题。

其次，通过深入的调查研究，特别是针对学生群体的心理需求进行问卷调查，能够精准捕捉他们当前面临的困惑与挑战，从而为活动主题的选择提供科学依据。

最后，考虑到学生心理发展的阶段性特征，主题设计应贴近不同年龄段或不同年级学生的心理成长需要，传递给他们迫切想要了解的知识与技能。

2. 阐释活动理念

实现心理健康课外教育活动的目标并不是活动，而是活动背后的教育理念。脱离了教育理念的活动是很难发挥真正效果的。如何缩短学生心理现状与心理发展目标之间的差距？人本主义者认为要创造良好的人际环境来激发学生的心理潜能，促进学生的自我实现；行为主义者认为应该进行行为塑造，通过行为的改变来促成心理的改变；精神分析学派认为应透过深入的心理分析来解除学生心理压抑的情结，让学生的心灵获得成长。当

持有不同的心理发展理念时，教师所采取的教育活动方式就会不同，有的侧重环境氛围的营造，有的侧重行为技巧的训练，有的则侧重自我表露和情感分享。所以在这一阶段，重要的是形成一种理念，在教育现实和教育目标之间建立有效的联系，从而在这种教育理念下设计和组织活动，使活动最终为理念服务。

3. 确立活动目标

确立活动目标是心理健康教育活动取得预期成效的关键步骤。一个清晰、具体且可操作的目标能够为教师提供明确的行动指南，使其能够系统地规划并实施活动计划。以"学习心理"为主题的课外教育活动，其核心目标在于助力学生挖掘并发挥自身的学习潜能，进而全面提升自身的学习能力。

为实现这一总目标，教师需将其细化为一系列具体、可操作的子目标：

首先，通过活动引导学生深入认识并探索自身潜藏的学习能力，激发他们对未知知识的好奇与渴望；

其次，注重培养学生的学习兴趣，使他们在享受学习过程的同时，增强学习的内在动力；

再次，引导学生树立正确的学习观念与态度，理解学习不仅是知识的积累，更是个人成长与发展的重要途径；

然后，重视学生学习能力的多维度发展，包括思维能力、解决问题的能力以及信息整合能力等；

此外，还应重视学生学习习惯与方法的养成，鼓励他们形成科学有效的学习策略，提高学习效率；

最后，通过模拟不同学习环境，引导学生学会适应并主动改善周围的学习条件，为自身创造更加有利的学习氛围。

这一系列具体化的子目标，共同构成了活动目标体系的完整框架，为活动的顺利开展与目标的最终实现奠定了坚实基础。

4.确定活动内容

活动目标的实现依赖于精心设计的活动内容，这些内容作为目标的载体，直接关联着目标达成的程度。针对"学习心理"教育活动的总目标，教师应规划一系列富有成效的活动单元，以全面促进学生的心理与学习发展。

具体而言，活动内容可以分为这四个方面：一是强化学生学习习惯与方法的养成，通过实践活动引导学生掌握高效的学习策略，如时间管理、笔记记录等，以提升学生的自主学习能力；二是训练记忆技巧，通过记忆游戏、联想记忆等方法，帮助学生掌握科学的记忆规律，提高信息存储与提取效率；三是激发创新能力，鼓励学生参与创意工作坊、头脑风暴等活动，培养其独立思考与解决问题的能力；四是应对考试焦虑，通过模拟考试、压力管理讲座等形式，帮助学生建立正确的考试观念，减少不必要的紧张情绪。

这些活动的基本任务不仅限于提高学生的学习技能，更重要的是引导他们掌握有效的学习策略，并在这一过程中发展创造力，同时培养起浓厚的学习兴趣与积极向上的学习态度，进而激发学生的学习动机。

5.设计活动项目

明确活动目标、活动内容后，接下来就是设计活动项目。活动项目设计是针对某一具体的活动内容制订的实施计划，具体包括：活动项目要与总的活动内容相对应，教师要分析每个项目涉及的理论，制定每个项目的活动目标，设计每个项目的活动内容，选择每个项目的活动方式。

6.评价活动效果

在设计心理健康教育活动时，设计者需预先构想并清晰描绘出预期的教育效果图景，这不仅是对活动成果的展望，也是活动规划的基础。这一图景应具体、生动，能够激发设计者的创造力，同时需具备可操作性，便于后续实施与调整。

更为关键的是，设计者需将这一效果图景转化为全体参与者的共同愿景，通过有效的沟通方式，让每位学生都能理解并认同活动的意义与目标，从而激发他们的内在动力与参与热情。这种共享愿景的构建，是活动成功的重要前提。

此外，为体现活动效果的准确评估并持续改进活动，设计者还应设计一套科学合理的测评体系。这套体系应是群体收获与活动整体效果的衡量，而非简单的针对个体表现的评价，以此减轻学生的考试焦虑，促进形成性评价的实施。这种评价方式不仅能够为本次活动提供宝贵的反馈，指导后续工作的优化，还能在整个活动过程中形成一种正向的激励机制，让每位成员都能感受到自己的投入对集体成果的贡献，从而更加积极地参与到活动中来。

（二）课外教育活动的实施要领

1. 重感受

心理健康课外教育活动，作为一种深度的人际互动与情感体验平台，旨在促进心灵的交流与共鸣，其本质是引导个体实现自我帮助与成长的过程。这一过程不仅涉及大学生认知结构的重构与优化，还深刻触及他们的情感体验与行为模式的调整与整合。关键在于，这一转变并非外在力量的简单强加或"塑造"，而是学生在活动组织者的巧妙引导下，主动进行的自我审视、反思与整合。

活动的核心目标，在于激发学生内在的动力，使他们在团体的温暖与支持下，勇于探索自己的内心世界，深刻反思个人成长的轨迹，积极思考学习的意义、人生的价值以及自我与外界的和谐共生之道。通过这样的过程，学生不仅能够增进自我认知，还能在团体的协同作用下，推动自我向更加完善、成熟的方向发展，实现真正意义上的全面发展与自我超越。

2. 重指导

心理健康课外教育活动是一项高度专业化的工作，其成效的实现离不开心理教师的专业引领与精心指导。教师的角色不仅是活动的规划者与设计者，负责确立清晰的目标、提炼贴切的主题、筛选适宜的形式与方法，并精心策划活动方案，保证活动有序推进；同时，他们还是过程的调控者与氛围的营造者，能够在活动中灵活掌控时间节奏，使主题方向不偏不倚，以开放和欣赏的态度倾听学生的讨论、观赏学生的表现，并给予适时的鼓励与引导。

教师需具备敏锐的洞察力，能够细致观察学生的行为表现，及时发现并介入辅导，解决潜在问题。在这一过程中，教师应秉持"非指导性"原则，避免直接强制的说教与武断的解释，转而采用更为微妙而有效的方式，如暗示、忠告等，力求达到"润物细无声"的教育效果，让学生在轻松自然的氛围中实现自我成长与蜕变。

3. 重目标

在实施心理健康课外教育活动时，要坚守教育理念与目标，使活动的本质不偏离轨道。教师若过分追求形式与手段的新颖性，而忽视了活动的深层意义，恐有舍本逐末之虞。诚然，团体心理游戏能为活动增添趣味与活力，但其运用必须严格服务于既定的教育目标，而非仅仅作为变换形式的手段。

在选择游戏时，教师应审慎考虑场地条件、环境氛围以及与主题的契合度，避免盲目引入可能削弱活动效果的游戏。课外教育活动不应仅仅满足于表面的"轻松""愉快"与"活泼"，而应深入挖掘其教育价值，引导学生直面生活现实，勇于探索自我与外界的关系。活动设计需具备鲜明的针对性，蕴含深度思考、丰富内涵与哲理启迪，以促进大学生在心理健康与人格成长方面取得实质性的进步。

4. 重真话

信任是构筑安全感的根本，它促使人们敞开心扉，真诚交流。在学生的成长过程中，难免会有言辞不当的时候，但教育者若能以宽容与理解的心态接纳这些"错话"，便能激发学生的向善之心与自我完善之力。心理健康课外教育活动的核心使命，在于营造一个充满接纳与信任的良好氛围，使每位参与者都能卸下防备，展现真实自我，无惧表达内心所想。唯有如此，活动方能真正触及心灵，促进参与者的内在转变与成长。

因此，活动的组织者应积极倡导并践行讲真话、实话的风气，摒弃空洞无物的套话，让每一次交流都充满真诚与深度。这样的环境不仅能够增强活动的有效性，更能激发学生的自我反思与积极变化，使他们在心理健康的道路上稳步前行。

5. 重氛围

心理健康课外教育活动是一个深植于参与者间相互信任、关怀、理解与接纳的人际互动场域。在此氛围中，每位成员的心灵得以缓缓敞开，形成深刻的情感联结。活动的成效，关键在于组织者通过自身行为构建的团体社会氛围，这种氛围如同催化剂，激发学生们积极回应，促使他们在认知与行为层面发生积极转变。

因此，营造一种坦诚而充满信任的团体环境，是组织者的首要职责与核心使命，也是其专业技能的集中体现。这一过程要求组织者巧妙破除学生的心理防御，鼓励自由无阻的沟通与交流，使团体成为促进个人成长与自我探索的安全港湾。

第二节　大学生心理健康教育课程开展与实践

一、高校心理健康必修课设置

（一）心理健康必修课的课程目标

"大学生心理健康"课程，作为一门重要的素质教育公共课，其核心目的在于全方位促进大学生的心理健康与个人发展。课程精心规划了知识传授、技能提升与自我认知深化三大教学目标，旨在为学生构建坚实的心理健康基础。

1. 知识层面

课程不仅引领学生深入探索心理学的理论精髓与基本概念，还清晰界定了心理健康的标准，阐述了其深远意义。学生将系统了解大学阶段特有的心理发展轨迹，包括常见的心理变化及异常表现，并掌握自我调适的基本原理，为后续的心理健康管理奠定坚实的理论基础。

2. 技能层面

课程精心设计了一系列实用技能训练，涵盖了自我探索、心理调适及心理发展等多个维度。学生将学会如何有效管理学习、适应新环境、调控压力、高效沟通、解决问题、自我管理、建立良好人际关系以及规划个人职业生涯。这些技能的掌握，将极大地增强学生的个人效能与社会适应能力。

3. 自我认知层面

课程致力于培养学生的心理健康自主意识，引导他们深入探索并认识自己的心理特质与性格轮廓。学生将学会客观审视自己的身体条件、心理状态及行为能力，形成积极、全面的自我评价体系。更重要的是，课程鼓励学生正视并接纳自己的不完美，勇于面对心理挑战，能够在需要时自我调适或主动寻求外部支持。通过这一过程，学生将逐渐探索出最适合自己的生活方式，实现个人与社会的和谐共生，推动全面发展。

（二）心理健康必修课的课程设置

1. 教学时间安排

依据教育部相关指导原则，高校应在学生入学后的第一学期立即启动"大学生心理健康教育"这一公共必修课程，使全体新生均能接受到此项基础教育，随后在其他学期内提供多样化的心理健康教育公共选修课程，以构建一个连贯且丰富的课程体系。鼓励具备条件的学校，进一步拓展课程范畴，增设与大学生综合素质提升及心理学专业知识紧密相关的选修课程。

鉴于大学生心理健康教育的紧迫性与时效性，学校应强调在大一阶段即开设相关课程的重要性，以抓住学生心理适应与成长的关键时期，避免错失干预的黄金时机。考虑到大一新生对大学环境的初体验与适应过程，教学设计上需灵活调整，以更好地融入并服务于学生的实际需求。

为达到最优效果，理想的课程规划应贯穿大学四年，根据各年级学生的心理发展特点与面临的挑战，定制化开设专题课程。这样不仅能持续关注学生的心理健康状态，还能有效应对不同成长阶段的具体问题，为学生提供全程、全方位的心理健康支持，促进其全面、健康地发展。

2. 教学设计安排

心理健康教育课程的核心在于促进学生的心理健康成长，其设计与实施需摒弃传统单一的理论讲授模式，转而强调以体验为核心，辅以直接经验的积累，使学生通过亲身参与获得深刻的感悟与自我认知。在教学总体构思上，教师应秉持"体验先行，理论与实践并重"的原则，根据学生心理健康发展的实际需求，灵活分配教学时间，通常可将32至36学时均衡用于理论与实践学习的融合。

在教学方法的创新上，高校应充分利用现有的教学设施、师资优势及学生特性，采取多元化的教学策略，如项目式学习、团体心理辅导、小组讨论、行为技能训练、互动式游戏辅导、案例分析等，以增强教学的吸引力和实效性，使学习过程更加生动有趣，提高知识的吸收与转化效率。

同时，教学手段也应与时俱进，深度融合网络资源、多媒体技术及丰富案例，构建互动性强、信息量大的学习环境，有效激发学生的参与热情与主动学习意愿，从而显著提升教学效果。

3. 教学内容安排

无论哪一种模式，理论教学内容均应包括：大学生心理健康与咨询、大学生心理困惑及异常心理、自我意识、大学生人格发展与心理健康、学习心理、大学生人际交往、生涯规划、恋爱与性心理、情绪管理、压力与挫折应对、生命教育与心理危机应对。实践教学内容与理论教学内容相匹配，形式上提倡多样化，以巩固与提升理论教学效果。

二、高校心理健康必修课教学

（一）心理健康必修课教学模式

教学模式是在一定教学理论的指导下，通过对教育教学实践经验的概括和总结所形成的一种指向特定教学目标的比较稳定的基本教学范式。它是某种教学理论在课堂教学特定环境中的表现形式，可以实现特定条件下的教学结构和功能统一。教学模式是指导教学实践的重要依据。教师要想提高大学生心理健康教育课程的实效，促进大学生心理健康成长和人格完善，就必须探索有效的教学模式。以下是四种教学模式。

1. 讲授式教学模式

讲授式教学模式是一种以教师为中心，通过课堂教学直接向学生传授心理学知识与理论的传统教学方法。该模式植根于经典的教学模式，尤其在心理健康教育课程的初创阶段，为多数教师所青睐。在具体实施过程中，教师往往会以问题导入，逐步引导学生理解健康的概念、心理健康的定义、其重要性以及提升心理健康水平的策略等关键理论框架。

讲授式教学模式的优势在于其易于被教师掌握和应用，能够系统地传递大量信息。然而，这种模式也潜在地面临着挑战，容易形成"教师讲、学生听"的单向互动模式，限制了学生的主动性和参与度，可能导致学习兴趣下降，甚至产生厌学情绪。

为了克服这一局限性，教师在教学实践中应积极探索讲授式与其他教学模式的有机融合，如结合小组讨论、案例分析等互动环节，以激发学生的学习兴趣，促进其深度思考与主动探索。

2. 活动式教学模式

活动式教学模式是一种强调"理、情、行"三者融合的教学方法，旨在全面培养学生的心理品质。在这一模式下，教师不仅关注知识的传授（"理"的讲授），也重视情感的共鸣（"情"的体验），更强调行为的实践（"行"的训练），三者相辅相成，缺一不可。通过精心设计符合学生生理与心理特点的多样化活动，让学生在参与中获得深刻的心理体验，进而提升其社会适应能力和心理健康水平。

以压力应对为例，活动式教学模式鼓励教师创设贴近生活的压力情境，引导学生在模拟环境中亲身体验压力的产生、面对与解决过程。这种实战演练不仅让学生深刻理解压力的本质与管理策略，还培养了他们在实际生活中应对挑战的能力。

该模式的显著优点在于能够极大地激发学生的积极性和参与度，营造出生动活泼的课堂氛围，使心理健康教育更加贴近学生实际，符合其成长需求。然而，活动式教学的成功实施对教师提出了更高要求，需要具备丰富的经验、敏锐的洞察力和强大的组织协调能力，以确保活动既有趣味性又富有教育意义。活动结束后，教师还需及时总结活动成果，引导学生反思学习过程，明确活动背后的教育目的，并将所学转化为解决现实问题的能力。

3. 对话式教学模式

对话式教学模式是一种强调师生及生生间深度互动的教学方法。在此模式下，教师会根据教学需求或学生现状选定讨论主题，并将学生合理分组（通常每组 6 ～ 10 人），使得每位学生都能在小组内担任特定角色（如主持人、检查员、记录员、总结人、激励者或协调者），以促进团队合作与责任分担。对话过程涵盖了学生间、小组间乃至师生间的多层次交流，营造了一个平等、开放且充满探索精神的课堂氛围。

以情绪管理教学为例，各小组可以围绕"如何有效调节负面情绪"这一主题展开讨论，成员间分享个人经验，相互支招，甚至集体思考帮助组内情绪低落的成员走出阴霾的策略。这样的对话不仅促进了学生对情绪管理的理解与掌握，还增强了他们的同理心与团队协作能力。

对话式教学模式的核心价值在于它构建了一个尊重差异、鼓励探索的环境，使学生能够在没有即时评判压力的情况下自由表达观点，通过集体智慧解决价值冲突与认知分歧。然而，值得注意的是，尽管该模式能有效激发课堂活力，促进深度学习，但过度的依赖可能导致教学形式单一，影响教学效果的全面性。

4. 诱导式教学模式

诱导式教学模式是一种以学生为中心，强调情境体验与自我教育的创新方法。教师精心构建具体情境，旨在激发学生的情感共鸣与行为反应，通过积极引导，促进学生自觉进行自我提升，优化心理品质，挖掘心理潜能。该模式实施路径清晰，分为四大阶段：

（1）创设情境阶段。此阶段为核心起点，教师巧妙运用讲故事、播放录像、展示投影等多种教学手段，营造出贴近学生生活的情境，为后续的心理体验奠定情感基础。

（2）操作体验阶段。鼓励学生积极参与角色扮演、情境模拟等活动，强调在轻松愉快的氛围中展现自我，同时引导学生专注于角色本身所承载的意义与情感，而非单纯追求表演技巧，从而深化内心体验。

（3）问题感知阶段。教师通过精心设计的问题链，引导学生深入反思，识别个人价值观，直面并解决内在的价值冲突，逐步构建积极向上的世界观与人生观，促进健康行为的形成。

（4）交流感悟阶段。在此阶段，学生间开展深入交流，分享个人感悟与成长经历，通过相互启发与激励，进一步强化自我认知与自律能力。同时，教师灵活运用角色扮演、心理游戏、实地参观等多种方法，巩固教学成果，体现知、情、行的有机融合。

以人际交往教学为例，教师可通过讲述宿舍生活小故事作为切入点，随后引导学生通过角色扮演重现情境，之后组织讨论，共同探索改善人际关系的有效策略。在整个过程中，教师更多地让学生通过自我感受、自我领悟来达成学习目标，这种方式不仅使体验更为深刻，还促进了学生综合素质的全面提升。诱导式教学模式以其独特的魅力，成为培养学生心理素质、实现心理健康教育的理想途径。

（二）心理健康必修课教学方法

"大学生心理健康"作为一门旨在提升学生全面素质的必修课程，其教学理念应深度融合理智启迪与情感培育，将知识的系统讲授与生动案例分析紧密结合，同时，让传统的课堂练习与创新的情景体验相辅相成，使教学过程中形成教师引导与学生主动参与的双重动力。为摆脱单一讲授模式的局限，课程应采用多元化的教学策略，不仅限于直接的课堂讲授，更要巧妙融入课堂互动练习、深度案例剖析以及沉浸式情景模拟等元素，以此赋予大学生心理健康教育课程独特的教学魅力与鲜明特色，促进学生心理健康知识的内化与实践能力的提升。适合"大学生心理健康"课程教学的方法有以下三种。

1. 课堂讲授法

心理健康教育课程的课堂讲授，相较于传统模式，更应强调师生间的深度互动、启发式的思维引领以及丰富的心理体验的融入。借助多媒体技术，通过精心设计的问题引导，使学生能够自然融入教师的讲解语境与情感共鸣之中，从而深刻理解课程内容，扎实掌握心理健康知识，并学会主动调适心理状态，维护个人心理健康。在"大学生心理健康"课程中，无论探讨何种主题下的心理健康基础，课堂讲授法均是不可或缺的教学手段。

教师在授课过程中，应展现出高度的热情与感染力，保持精神饱满的状态，这不仅能有效吸引学生的注意力，更关键的是要以明确的教学目标为导向，思路清晰，讲解精炼而准确，能够精准把握重点难点。通过简练有力的语言，将复杂问题化繁为简，引导学生进入深入思考与联想的境地，激发他们的创新思维与问题解决能力，为学生搭建起一座从理论到实践的桥梁。

2. 案例分析法

教师在授课时，善于选取贴近当代大学生生活实际且具有代表性的典型案例，针对他们普遍遭遇的心理困惑，进行层层深入的剖析与解读。通过启发式提问，引导学生主动参与讨论，自主分析问题，这一过程不仅加深了学生对知识点的理解，还促使他们在探索中获得深刻感悟，学会如何独立解决生活中的实际问题。

以人际关系为例，教师会选择典型的大学生人际交往案例作为教学素材，通过详细剖析这些案例，让学生从他人的经验中汲取智慧，学会如何在复杂的人际交往中保持自我，建立和谐的人际关系。同样，在生命教育模块，教师巧妙设计正反两面教材，通过对比两种截然不同的生命态度及其后果，引导学生全面审视生命的价值与意义，帮助他们树立正确的生命观念，培养尊重生命、珍惜生命的情感与态度。这种教学方式不仅丰富了课堂内容，更增强了学生的情感共鸣与认知深度。

3. 分组讨论法

分组讨论法因其互动性与探索性，深受学生青睐，成为促进学生研究性与主动学习的重要途径。在教学过程中，教师围绕特定主题设定问题，引导学生分组探讨，鼓励学生基于事实、概念与逻辑推理来捍卫个人观点，同时开放思维，接纳并考虑不同视角的观点，这一过程不仅锤炼了学生集思广益的能力，还悄然提升了他们的心理健康水平。针对某些课堂上难以充分解决的问题，教师可灵活安排课后延续讨论，要求学生自行探索，并在下次课前进行总结汇报，这种跨时空的交流模式为学生提供了验证认知、澄清疑问的平台，进一步巩固了所学知识。

以学习心理专题为例，教师首先引导学生分组识别并分享当前面临的学习障碍，随后各小组针对具体问题集思广益，寻找解决方案。这样的过程往往能激发出比通用方法更为个性化、高效的学习策略。而在生涯规划专题中，教师鼓励学生走出课堂，主动采访本专业内的成功前辈，通过实践访谈收集信息，再进行小组内的交流讨论，最终制定出既符合个人特点又具有前瞻性的生涯规划方案。

三、完善大学生心理健康教育课程体系

（一）结合心理健康教育课程，加强多方面主题教育

1. 帮助大学生提高自我保护、自我照顾意识，加强安全法治教育

大学生安全教育领域广，涵盖了人身财产、交通、健康等多重维度。其中，心理健康教育作为安全教育的重要组成部分，体现了对个体身心健康的维护，旨在通过教育引导，使学生在掌握相关法律知识的同时，树立起被害预防的强烈意识。这一过程不仅加深了学生对潜在风险的认识，还促进了他们法律素养的提升，为构建被害预防体系、提升国家被害人援助水平奠定了基础。

被害事件的后果往往伴随着生理、心理的持久伤害及经济损失，且这些损害一旦发生便难以逆转，因此，将被害预防纳入教育体系的核心位置显得尤为重要。被害预防是技能培养与专业学习的基础，也是大学生安全

成长的先决条件。在任何专业背景下，被害预防都是每位学生不可或缺的生活技能与生存智慧，应当被视为所有大学生的"公共必修课"，如同基础教育中的语文和数学，为大学生的全面发展提供坚实的支撑与保障。忽视被害预防，就如同忽略了成长的根基，其他方面的教育成果也将难以维持稳固。

2. 帮助大学生提高解决问题的能力，加强大学生自我发展教育

大学生应树立积极维护心理健康与灵活应对心理危机的意识，认识到心理健康是一个持续变化的过程，而心理危机往往由突如其来的负性生活事件触发，具有不可预测性。正值青春向成年过渡的关键时期，大学生面临的环境变化与个人成长交织，出现情绪波动与心理挑战实属常态。无论是家境优渥却学业受挫，还是恋爱甜蜜却遭遇人际难题，都应视为成长路上必经的考验，而非恐惧之源。

心理健康的首要标志在于自我认知的清晰与接纳，即能够认识到自己的价值所在，并保持乐观自信的生活态度。这种自我认知不仅体现在自知之明、积极的人生观、对生活敏锐的洞察力和对幸福真谛的深刻理解上，还展现在积极投身劳动、社会实践和构建和谐人际关系的能力中。尤为关键的是，当遭遇心理困扰时，能够勇于求助——无论是向身边的亲朋好友还是向专业心理人士求助。以上都是成熟与智慧的表现。

面对心理危机，关键在于主动寻求解决方案，不让问题累积发酵。每个人在生活中都可能遇到心理挑战，重要的是学会及时寻求帮助，找到适合自己的方式来有效应对。

（二）分层次加强大学生心理健康教育，提高大学生心理健康素养

针对大学生在不同年龄面临的适应性与发展性问题，将大学生的心理健康教育按年级有针对性地分为若干系统化的教育，同时根据不同年级心理危机来源的侧重点不同，有针对性地实施不同方面的教育对策。

1. 入校新生侧重于心理健康教育和职业生涯规划辅导

针对新生入学，高校应将"大学生心理健康教育"课程视为重要起点，大力普及心理健康教育的知识，通过正式教学渠道，引导学生学习并

掌握维护心理健康的知识、态度与方法，科学认知心理疾病的基本概念和症状表现，学会有效应对情绪困扰与压力，培养积极的自我调适能力，并将提升心理健康意识视为伴随终身的追求。

与此同时，高校应从新生入学之初就启动职业生涯辅导计划，旨在帮助学生规划四年学业与职业发展，不仅强化其专业技能，更注重塑造学生的核心竞争力、人际交往技巧及团队协作精神，使每位学生都能掌握解决问题的系统思维与方法。职业生涯辅导应成为高校职业指导体系的核心组成部分，贯穿整个大学教育阶段，形成一套长期且系统的规划。这意味着高校需针对不同年级学生的成长特点与发展需求，实施差异化的生涯发展指导策略，实现每位学生从入学之初便能明确方向，循序渐进地构建个人职业规划，最终在大四毕业时拥有清晰的就业愿景、明确的择业定位及扎实的专业素养，为步入社会奠定坚实基础。

2. 二、三年级学生侧重于全人教育和成长教育

全人教育旨在促进个体在知识、能力与素质三个维度上的均衡发展，塑造出全面而高质量的人才。在这一理念的指引下，高校应充分利用课堂教学的主渠道作用，结合第二课堂活动、社会实践及素质教育项目等多元路径，全面推进全人教育，旨在引导学生树立正确的自我价值观，有效预防心理危机的发生，这一过程与成长教育紧密相连，共同促进学生的心理健康与全面发展。

人的成长动力源自内心深处，但成长动力的激发与持续往往需要外界环境的正面引导与群体氛围的支持。然而，个体成长之路并非坦途，自我认知的挑战尤为显著，如自我价值感不足、自我接纳与欣赏的缺失等。特别是大学生群体，他们正处于青年初期，情绪易波动，心理发展尚不成熟，易受外界影响，可能面临各种心理困扰。

鉴于此，高校应积极采取措施，如增设相关选修课程与专题讲座，强化学生的人际交往技能训练，不仅能帮助他们克服社交障碍，还能提升其社会适应力与未来职场竞争力。更重要的是，要引导学生正视心理危机，将其视为成长道路上的磨砺石，通过多维度的自我探索，将危机转化为自

我成长的契机。这一过程不仅是对心理问题的干预与解决，更是促进学生释放内在潜能与实现自我价值的宝贵机会。

3. 毕业班学生侧重于就业指导教育、挫折教育

面对当代大学生就业的新常态与独特挑战，高校需革新传统的就业指导策略，从新生入学之初即启动全面而系统的职业生涯规划教育。这要求帮助学生根据自身实际，设定切实可行的职业目标，并据此规划大学生活，使得每一步都朝着既定方向迈进。至大四阶段，则应强化就业观念引导，鼓励学生调整就业预期，明确职业定位，培养积极稳健的心态，以充分准备迎接就业市场的激烈竞争。

在就业指导过程中，学校应紧密结合国家就业政策与市场需求，帮助学生客观评估自我，理解社会对人才的实际需求，倡导学生秉承艰苦奋斗的精神，将个人发展与国家命运紧密相连，积极响应国家与社会的号召，以国家利益和人民幸福为重，积极投身到新的学习或工作岗位中。

此外，高校还应积极探索创业教育的路径，如开设创业课程、组织创业设计竞赛等，旨在传授创业基础知识与技能，拓宽学生的就业视野，减轻其就业压力，并激发其创新思维与创业潜能。

针对毕业班学生，加强挫折教育尤为关键。挫折教育不仅是意志的磨砺，更是心理韧性的锻造。对于长期在顺境中成长的大学生而言，挫折教育能够有效抵御逆境带来的心理冲击，培养他们面对困难时的坚韧不拔与积极应对的能力。学校应使用理论与实践相结合的方式，一方面，教育学生正视挫折的普遍存在，理解个人愿望与社会现实的差距，学会自我反思与积极应对；另一方面，通过组织多样化的校园活动，如耐力挑战赛等，让学生在体验中学会容忍与接受挫折，从而在不知不觉中增强其心理承受能力与抗挫能力。

第七章
积极心理学视角下的高校心理育人途径

第一节　积极心理学的产生与研究

一、积极心理学的概念和产生背景

（一）积极心理学的概念

积极心理学是美国心理学界兴起的一个新的研究领域，它的出现和发展与心理学家塞利格曼（Seligman）的倡导是分不开的。塞利格曼认为："当代心理学正处于新的历史转折，心理学家扮演着极为重要的角色和新的使命，那就是如何促进个人与社会的发展，帮助人们走向幸福，使儿童健康成长，使家庭幸福美满，使员工心情舒畅，使公众称心如意。"塞利格曼在 20 世纪 90 年代当选为美国心理学会主席后，便到处呼吁积极心理学运动，并把创建积极心理学看作是自己的一项重要使命。

什么是积极心理学？心理学家谢尔顿（Kennon M. Sheldon）和劳拉·金（Laura King）认为："积极心理学是致力于研究人的发展潜能和美德等积极品质的一门科学。"

积极心理学把研究的重点放在人自身的积极因素方面，主张心理学要以人实际的、潜在的、具有建设性的力量、美德和善端为出发点，提倡用一种积极的心态来对人的许多心理现象（包括心理问题）做出新的解读，从而激发人自身内在的积极力量和优秀品质，并利用这些积极力量和优秀品质来帮助有问题的人、普通人或具有一定天赋的人最大限度地挖掘自己的潜力并获得良好的生活。

（二）积极心理学的产生背景

积极心理学的研究渊源最早可追溯到 20 世纪 30 年代推孟（Terman）关于天才和婚姻幸福感的研究，以及荣格关于生活意义的研究。但后来这种研究由于各种因素中断了。一直到二十世纪五六十年代，一些心理学家才开始研究人的积极品质，特别是人本主义心理学开创者马斯洛（Maslow）。马斯洛认为：心理学作为一门科学，在研究人类消极方面取得的成功远远大于它在人类积极方面的研究。他还认为：人们必须要了解心理学的现状，了解它的天职，纠正这种状况。人本主义的另一位杰出代表、心理学家罗杰斯（Rogers）认为：人的本性就是要努力保持一种乐观的感受和对生活的满足。要成为一个自我完善的人，就要坦然地面对生活的考验。

人本主义思潮在一定程度上引起了心理学对心理活动积极方面的重视，开始出现有关主观幸福感、乐观、满意、情绪平衡、正性情感等方面的研究。

随着人们对自己生活质量的要求不断提高，他们比以前更渴望过有意义的生活，因此对正常人的研究越来越引起心理学家的重视，越来越多的心理学家意识到心理学不仅要研究心理疾病，更应该研究人的积极品质，只有人类自身的积极品质才是人类发展的关键因素。最近，心理学家通过 PsychINFO 进行搜索发现："幸福感"与"心理疾病"，在过去的 5 年里被引用上万次；对包括"健康""快乐""生活质量"和其他有关主题词进行更广泛的搜索，搜索结果的数量则更多。

在这种背景下，积极心理学的思想一经提出，就受到了广泛的关注。

二、积极心理学的主要观点

（一）实现心理学的价值平衡

自心理学独立成科以来，就肩负了三大核心使命：矫治心理与精神疾患，助力普通人追求更加充实幸福的生活，以及发掘并培育杰出人才。然而，自20世纪40年代起，心理学界的研究焦点逐渐转向深入探讨人类心理问题，尤其关注外部刺激所带来的负面影响及其应对策略，这种模式被积极心理学界称为"病理式"或消极心理学。这种范式视人为被动接受环境刺激的生物体，仅当问题被指出并纠正时，个体才会做出调整。消极心理学专注于修正功能，习惯从问题视角出发，虽擅长指导个体在逆境中获得成长与幸福，却忽视了对正常乃至优越条件下个体潜能的激发与幸福生活的全面促进。

积极心理学倡导一种更为全面与积极的研究视角，认为心理学不应局限于探讨损失、缺陷与伤害，而应深入探索人类内在的潜能、力量与美德。积极心理学致力于恢复心理学研究的价值平衡，强调以人为本，主张人性本善，鼓励充分发掘个体的潜能，追求全面幸福。其核心目标在于培养个体的积极品质，如勇气、乐观、理想、人际交往和谐、信念坚定、热情、诚实与坚韧等，这不仅与心理学的终极目标相契合，也促进了个人与社会的和谐共生，实现了科学目标与人性追求的深度融合。

（二）强调研究每个人的积极力量

积极力量，作为一股正向且富有建设性的潜能，是积极心理学研究的核心范畴。该领域的研究深入至三个关键层面：主观体验、个体特质与集体环境。

首先，在主观体验层面，积极心理学是个体对过往、当下及未来的积极感受。对于过去，它探索的是满足感、成就感、内心的安宁等积极情绪的源泉；关于现在，则着重研究快乐、幸福感以及生理上的愉悦体验；面向未来，乐观主义、坚定的信心与希望成为研究的重点，鼓励人们以积极的心态展望未来。

其次，在个体特质层面，积极心理学特别关注积极人格的构建，强调挖掘并弘扬人性中的积极面向。这包括智慧、友善、尊严、慈悲等二十余种积极特质，这些特质共同塑造了人的正面形象，促进了个人成长与幸福感的提升。

最后，从集体环境的角度出发，积极心理学倡导建立促进积极力量与品质发展的社会系统。这涵盖了家庭、学校及更广泛的社会结构，强调这些系统应被设计为滋养和支持个体积极成长的沃土，通过优化环境来激发和强化人们的内在潜能与美德。

（三）提倡对问题做出积极的解释

积极心理学提倡对个体和社会所具有的问题做出积极的解释。积极心理学认为，心理问题本身虽然不能为人类增添力量和优秀品质，但问题的出现也为人类提供了一个展现自己优秀品质和潜在能力的机会。

积极心理学主张从两个方面来寻求问题的积极意义，一是多方面探寻产生问题的根本原因，也就是说，人们需要自己去了解问题产生的原因，针对这个问题提出自己的积极的解决方案；二是从问题本身获得积极的体验，也就是说，一个问题的出现，并不是只有消极的影响。或许换个角度进行思考，就会发现这个问题积极的一面，从而让自己变得更加积极向上。

三、积极心理学研究的主要领域

（一）个体的积极体验

积极的情绪和体验是积极心理学研究的一个重要内容。积极情绪是指能激发个体产生接近性行为或行为倾向的情绪，包括主观满意感和满足、希望和乐观主义、快乐等。积极体验是指个体满意地回忆过去、幸福和从容不迫地感受现在并对未来充满希望的一种心理状态。具体来说，积极体验主要有两种。第一种是感官愉悦，这是一种满足机体自身张力的积极体验，如饥、渴等得到满足时产生的体验。第二种是心理享受，这种心理享受来自个体打破自己固有的某种自我平衡时所产生的积极体验，即个体所做的超越了自身的原有状态后所带来的一种体验。如运动员在比赛中创造了新的纪录、学生解决了一道难题等。与感官愉悦相比，心理享受类积极体验常常与个体的创造和创新相关联，更具有社会意义和个人意义，也更有利于个体的成长和幸福感的产生。积极情绪能促使人主动地接近，并且能扩大个人瞬间的思想和行为指令系统，使人产生更多的思想和行为，这种行为不仅表现在社会性行为和身体行为上，也表现在智力行为和艺术行为上。

弗雷德里克森的积极情绪扩建理论提出，积极情绪和消极情绪的应激保护不同，前者能通过扩建个体即时的思想或行为资源帮助个体建立起持久的个人发展资源，这些资源趋向于从长远的角度、以间接的方式给个体带来各种利益，促使个体发挥自己的主动性，从而产生多种思想和行为，特别是能产生一些创新性的思想和行为，并把这些思想和行为迁移到其他方面，如兴趣、满意、高兴、爱等。当前关于积极情绪的研究有很多，主观幸福感、快乐、爱等都成了心理学研究的新热点。其中被研究最多的是主观幸福感，在众多的积极体验中，它是最综合、最复杂也是最核心的一种体验。

（二）个体的人格特质

积极心理学视角下的人格研究，对传统人格心理学进行了深刻的反思与批判，指出传统人格心理学过于集中探讨问题人格及其成因，却忽视了良好人格的形成与发展机制。积极心理学致力于构建一种更为平衡的人格研究框架，既关注人格障碍的消除，更强调积极人格特质的培育与促进。

积极心理学认为，人格是内部机制、外部行为与社会环境交互作用的产物，但尤为强调后天社会环境对人格塑造的决定性作用。在这一过程中，积极的心理体验成为连接外在影响与内在人格变化的关键桥梁。

积极心理学通过激发和强化个体的现实与潜在能力，促使这些能力转化为习惯性的积极行为模式，进而塑造出积极的人格特质。其中，主观满意感、自我决定性和乐观尤为引人注目。主观满意感，作为积极人格的核心，体现了个体对现实生活状态的正面评价与接纳，是个人幸福感的根本。自我决定性则关乎个体自主选择与坚持的能力，对内在动机、社会适应及幸福感具有显著促进作用，这一过程依赖于个体的认知评价系统。乐观作为一种积极的人格特质，虽部分源自天性，但更多通过后天学习与经验积累形成，被视为"成功人生的第三个要素"。乐观者倾向于将挑战归因于外部因素，以积极心态面对生活，这种态度不仅有助于心理健康，更能促进事业成功。

（三）积极的组织系统

积极心理学强调，人的成长经历与潜能的释放往往根植于健康家庭、和谐社区及高效学校等积极的社会组织系统之中，并深受其影响。这些系统不仅是塑造积极人格的重要支柱，更是个体获取积极体验的直接源泉。在积极组织系统的视角下，研究根据探索促进人类幸福感的环境条件，以及那些有利于天赋展现、创造力激发与培养的外部环境因素。这一领域的工作，旨在从群体层面理解并优化那些能够滋养个人成长与潜能发挥的社会生态。

第二节　构建大学生心理健康教育的积极模式

一、大学生积极心理健康教育的内容

根据积极心理学的理论和中国当代大学生的特点，大学生积极心理健康教育的内容主要如下。

（一）积极人格的培养

21世纪的大学生是充满朝气、充满活力的新生代，他们应该具备积极、健康的人格，根据积极心理学对人格的研究及中国大学生心理发展的实际情况，我们认为，当代大学生积极人格教育应把以下四个方面作为教育内容。

1. 自我观念的教育

自我观念，作为个体基于过往经验形成的对自我全面而深刻的认知与感受，涵盖了对"自我身份"及"个人特质"的深刻反思。它是心理活动中的一个关键"调节器"，引导着认知过程、情感筛选、行为动机及生活目标的设定。自我观念的正面或负面倾向，直接决定了其对心理健康的促进或阻碍作用。积极、健康的自我观念是推动健全人格构建的强大驱动力，反之，消极的自我观念则可能限制个人发展的方方面面。社会心理学视角下，个体的自我认知框架塑造了其生活轨迹，因为人们往往会按照内心的自我形象去生活。

大学生群体正处于自我意识迅速觉醒的阶段，他们渴望自我实现，自信心普遍较强，对未来充满期待。在这一时期，教师应致力于营造一种让学生频繁体验成功的教育环境。当学生内心树立起"成功者"的形象时，他们更倾向于在生活中寻找支持这一形象的证据，从而培养出积极乐观的生活与工作态度。反之，若自我认同偏向失败，即便拥有良好意愿、坚韧意志及有利条件，个体也可能在潜意识中自我设限，错失机遇。

因此，在教育实践中，教师的首要任务是引导学生通过自我反省、社会比较及建立合理的自我评价体系来全面而准确地认识自我，这包括对身体发育、心理状态（兴趣、爱好、情绪调控、性格特点、个人才能等）的深入了解，以及在社交网络中定位自己的角色与价值。同时，教师需强调悦纳自我的重要性，鼓励学生平衡理想与现实自我之间的差异，避免陷入过度自我批判的漩涡，因为这可能导致长期的自我否定，影响心理健康与成长动力。培养积极的自我观念，不仅是人格发展的核心要素，还是塑造健康人格不可或缺的一环。

2. 人际关系指导

人际交往是青年健康成长的基本条件，教师要培养他们认同他人、保持积极人际交往的态度。人人都具有一种基本需要：需要归属于一定的社会集体，需要得到他人的关怀和尊重。这些社会需要是与吃饭穿衣等生理需要同等重要的，它必须被满足，否则将使主体丧失安全感，进而影响心理健康。

社会学和人类学的研究更是肯定，群体合作具有生物保存与适应的功能。认同社会、认同他人才能与他人进行正常的交往。人际关系对大学生心理的健康成长具有很重要的意义。

首先，人际交往是满足大学生根本性心理需求——自我价值感与安全感的关键途径。这两种需求的满足，直接关联到个体的自信、自尊及内心的稳定与乐观。当这些需求得到有效回应时，个体将展现出积极的生活态度与充沛的活力；反之，则可能陷入自卑、自我排斥的消极循环，影响心理健康。值得注意的是，自我价值感与安全感的构建，离不开与他人的有效互动。缺乏人际交往，这些核心需求的满足便无从谈起。

其次，人际交往是推动大学生心理成熟不可或缺的一环。在互动过程中，学生通过接收来自他人的正面与建设性反馈，识别并发展自身优势，同时正视并改进不足，这一过程不仅促进了个体的自我认知深化，也加速了心理成熟的步伐。对于正处于心理转型关键期的大学生而言，人际交往不仅是社会适应的准备阶段，更是自我认知、完善与发展的重要渠道。

最后，积极的人际交往在维护大学生心理健康方面发挥着不可替代的作用。面对学习与生活中的应激事件，良好的人际关系网络为学生提供了情感支持与问题解决的缓冲空间。拥有积极交往态度的学生更可能通过分享与倾诉减轻压力，有效应对挑战；反之，孤僻内向的态度则可能加剧问题积累，甚至诱发心理健康危机。因此，构建并维护良好的人际关系，对于保障大学生心理健康具有特殊且重要的意义。

在积极心理健康教育实践中，教师应着重培养学生的尊重、真诚、理解与宽容等人际交往品质，并传授实用的人际交往技巧。鼓励学生在互动中保持客观的自我与他人的评价视角，珍视个性差异，明确角色定位，勇于竞争亦善于合作，通过积极的人际交往实践，不断促进个人人格的健全与完善。

3. 情绪教育

对于正值情绪急剧发展期的大学生而言，他们的情感世界既丰富又复杂，情绪反应迅速且强烈，极易产生共鸣，也易受挫折影响陷入低落。因此，情绪教育作为一种旨在促进学生身心愉悦的教育形式，对大学生的健康成长具有不可估量的价值。

近年来，心理学界的研究焦点逐渐从负向情绪及其病理后果转向正向、积极情绪的探索。正向情绪不仅能够排挤负向情绪，还象征着身心的和谐状态，是心理健康的重要标志。科学证据表明，乐观情绪能优化神经与内分泌系统的自我调节功能，对身体健康及认知、记忆、想象、思维、意志等心理过程均有积极促进作用。

相反，持续的愤怒、恐惧、焦虑等负向情绪会削弱免疫系统，长期累积可能诱发神经官能症，扰乱日常生活秩序，损害社会功能。鉴于大学阶段是个体心理成熟与情感波动并存的关键时期，情绪的变化深刻影响着大学生的生理、心理状态及学业、生活质量。

因此，情绪教育应是多个层面的：首要任务是指导大学生有效调控自我情绪，培养平和心态，预防消极情绪的滋生；其次，教师应积极激发学生的正面情感体验，特别是自尊与自信，这是自我价值认同与人格成长的内驱动力；最后，不可忽视社会性情感的培养，涵盖了理智感、道德感与美感，这些情感反映了个人对社会环境、道德规范及审美标准的认知与体验，对于塑造全面发展的人格至关重要。

4. 培养人的积极的心态

心理态度，作为个体心理活动在特定时段内由过往及当前经验塑造的相对稳定的状态，综合反映了心理过程与个性特征。它是心灵对外界信息刺激作出反应的内在倾向，深刻影响着个体的思维路径与行为选择。心理态度可分为积极与消极两种面向。

积极心态，以其正向、乐观与进取为特质，展现了热爱自我、他人、学习、工作、自然及生活的广泛热情。它促使个体以乐观视角审视世界，主动寻求挑战，勇于创新，即便在能力或现实条件受限时，也能灵活调整，接受现状并积极寻找可行路径。积极心态在认知层面表现为正面思考，情感上则充盈着对过往的满足、对当下的幸福感受及对未来的无限憧憬；行为上，则展现出积极性、进取心与勇于挑战的精神风貌。

相反，消极心态则充斥着悲观、抱怨与等待的情绪，阻碍了个体的积极成长与发展。

对于正处于成长关键期的大学生而言，良好的心理素质是其全面发展的重要基础。这不仅意味着要帮助大学生免于心理疾病的困扰，更涵盖了对其积极心理状态的培养。拥有积极心理的大学生，能够以更加客观的态度面对人与事，情绪饱满，将学习视为内在需求，目标明确，成就动机强烈，生活因此而丰富多彩。乐观的人生态度尤为关键，它不仅是自信心的源泉，也是面对挫折时勇于反思与自我提升的动力，对大学生未来的自我认知与职业前景均产生深远影响。

（二）积极校园环境的创建

大学生心理健康教育处于校园环境的大系统中，不可避免地要受到这个大环境的影响。校园环境作为学校教育的支持性平台，能够起到弥补和补充其他教育途径的作用。大学生的大部分时间都在校园里，如果长时期受到良好校园环境的濡染和潜移默化的影响，会使学生的整体心理素质得到大幅度的提高。

1. 积极的校园制度

积极心理学视角下，积极的社会制度被视为塑造积极人格的重要支撑，同时也是个体获取积极体验的直接源泉。在学校教育的语境中，学校制度和校园文化构成了影响积极心理教育成效的关键因素。

具体而言，学校制度涵盖了领导体制、规章制度、领导风格、管理模式及教学组织形式等多个方面，这些因素均潜在地影响着学生的心理教育体验。高校管理制度的设立，旨在依据相关法律法规，如《中华人民共和国教育法》与《中华人民共和国高等教育法》，保证教育教学活动的有序进行，促进学生身心健康及德智体美全面发展。大学生正处于人格发展的关键阶段，其可塑性极高，因此，一套完善的校园制度体系对于积极引导和控制学生的人格发展具有不可替代的作用。

良好的制度体系能够营造有序的校园环境，规范学生行为，进而形成积极向上的校风。这种校风作为一种隐形的力量，不仅增强了学生的归属感和认同感，还促进了正确价值观的形成、积极态度的培养以及和谐人际关系的建立，为学生健康人格的塑造提供了最佳条件。

在当前市场经济的背景下，高校需适应竞争环境，构建优胜劣汰的激励机制，通过制定科学合理的政策与规章制度，激励学生以积极姿态参与竞争，培养其勇于挑战、不断进取的心理品质。这一过程不仅促进了学生的个人成长，还为社会输送了更具竞争力的高素质人才。

2. 积极教育理念

在校园环境中，活动文化环境以丰富多彩的面貌展现，涵盖了教学活动、科研探索及实践活动等多个层面。这些活动不仅是知识的传递与技能的锤炼，更是大学生自我成长与完善的沃土。它们促进了学生在自我认知、情感体验、自我调控、心理韧性及调节能力等方面的全面发展。积极心理学的视角强调，在此类教育中应融入积极教育理念，这一理念超越了单纯纠正错误的范畴，而是体现在发掘与培育学生的积极品质上——无论是显性的还是潜在的品质。

积极教育，作为一种教育的新定位，是对传统教育模式的深刻反思与积极创新。它主张以学生的内在积极力量和潜能为出发点，旨在塑造个体及集体层面的积极人格特质。这一过程不仅是简单地"发扬优点、克服缺点"，更是深层次地探索、扩展并滋养学生的积极品质，为他们的全面发展提供肥沃土壤。积极教育强调，教育的对象不应仅限于存在问题的学生，而应覆盖所有渴望成长与进步的学生，帮助他们提升幸福感，实现自我价值。

在教学、科研及实践活动的具体实施过程中，教师应秉持积极的教育态度，运用多样化的教学手段，并注重个人教育风格对学生心理健康的积极影响。营造积极的课堂氛围，让学习成为一场充满正能量与愉悦体验的旅程，是每位教师的责任与使命。个性化教学策略的运用，使每位学生都能在适合自己的节奏下收获成长与成功，享受学习带来的成就感与快乐。

同时，教师自身的心理状态与情绪表达也是影响学生心理健康的重要因素。教师应以积极向上的心态面对工作与生活，用良好的精神面貌和言行举止为学生树立榜样，赢得学生的尊重与喜爱。当教师将积极心理教育视为己任，不断提升自身心理素质，挖掘内在潜力时，他们便能更有效地调节学生的学习心态，促进其保持积极向上的学习状态，实现师生之间的良性互动与共同成长。

二、大学生积极心理健康教育的途径和方法

积极心理品质的形成是一个行为过程，也是一个心理体验的过程。积极心理学认为：通过增进个体的积极体验是发展个体积极人格、积极力量和积极品质的一条最有效途径。在个体有了更多的体验之后，他就会对自己提出更高的要求，同时由于这种要求来自个体的内部，所以更易形成某种人格特征。因此在大学生积极心理健康教育中应以增进大学生的积极体验为主。

（一）积极体验在大学生心理健康教育中的作用

1. 使大学生释放由消极情绪所造成的心理紧张

长期的消极情绪体验会给人造成严重的心理紧张，这种心理紧张能使机体长期处于应激状态，这对人的身体健康非常有害。英国伦敦皇家抗癌研究会曾对1080名肿瘤患者进行了调查，调查结果显示：有81.2%的恶性肿瘤病人在患病前曾受到过失业、离婚、失去亲人等负性生活事件的影响和刺激，也就是说他们都曾经历长期的负性情绪的体验。❶因此，人们要想拥有健康的身体，想避免癌症或其他恶性疾病的发生，就必须拥有积极的情绪。积极的情绪不但能帮助你远离癌症或其他的机体疾病，而且即使机体生了病，也有可能通过治疗而及时得到恢复。

对大学生来说，生活中的负性事件几乎是不可避免的，再加上人性在

---

❶ 玉华．不良情绪易使人患癌症［J］．新农村，2003（4）：25.

进化过程中本身所存在的一些弱点，负性情绪也几乎是不可避免的。因此，帮助大学生摆脱负性情绪的困扰自然也就成了心理教育的一大任务。积极心理学认为，释放由消极情绪所造成的心理紧张可以通过积极情绪的扩建作用实现。也就是通过获得更多的积极情绪体验来消除这种心理紧张。心理学有关这方面的实验已经表明，积极情绪体验能控制或延缓消极情绪所导致的各种心血管的异常变化，如血压上升、心跳加快等，它能迅速使心血管的这种异常变化回归到正常的基准线。不管是活跃性程度较高的积极情绪——如欣喜、兴奋等，还是活跃性程度较低的积极情绪——如满足、安详等，都具有这种功能。

2. 扩大大学生的认知系统

积极情绪能扩建个体的行为或思想，而消极情绪则能缩小个体的行为或思想。积极情绪和消极情绪本身的不同强度（唤醒水平的高低）对个体行为或思想的扩建或缩小功能也有着一定的影响。对积极情绪来说，强度越大，其扩建功能就越大；对消极情绪来说，强度越大，其缩小功能也就越大。

（二）从增进大学生积极体验入手，培养积极人格

人格是生理机制、外部行为和社会环境三者的交互作用。积极心理学特别强调，人格首先是一种外在的社会活动，然后在一定的生理机制的作用下内化为个体的一种稳定的心理活动，人格从某种程度上说是个体内化本身外在活动的结果。而如果外在的社会活动要被内化为个体内在的积极品质，那么积极体验则在其中起了关键的中介作用。

积极人格的培养是一个行为过程，也是一个心理体验的过程。积极心理学注重学生在心理健康教育规则中的参与、活动与体验，注重让学生积极主动地关心自己的心理发展。积极心理学认为个体在积极体验条件下产生的新要求主要是来自个体自身的内部，是人对内部动机的觉知和体验，所以积极体验更容易和个体的先天气质特点发生内化而形成某种人格特质。体验是直接的、自我的、他人无法替代的，在体验中主动探究自我的内心世界，在探究中发现问题、解决问题，增强个人抗挫折能力。

1. 采取互助式的教育方式

互助式教育模式是一种促进学生间心理互动与积极影响的教学方式，它鼓励个体通过多样化的活动，在相互支持中促进心理素质的积极发展。此模式不仅满足了大学生的心理需求，还促进了其情绪管理、情感共鸣及心理健康的维护，旨在实现"助人自助"的深刻教育目标。在此过程中，教师是引导者，强调以学生为中心，激发其主动性与参与性，将心理健康教育课程转化为一场生动的情绪探索与体验之旅。

具体实施策略涵盖了互助式心理探究、心理训练、心理辅导、心理暗示及心理激励等多个维度。互助式心理探究鼓励学生自选专题，深入探索心理成长与问题解决之道，如注意力提升、自信建立、意志力培养等，以此增强心理健康意识，塑造乐观心态。心理训练则采取群体互动形式，学生既是受训者也是训练者，通过角色扮演、集体演讲等方法，在相互学习与纠正中提升社交技巧与应变能力。

互助式心理辅导基于对学生潜力的信任，倡导学生间的相互辅导与支持，利用同龄人的理解与共鸣，实现更有效的心理援助。心理暗示是一种微妙而有力的手段，学生运用积极言语与非言语方式，对彼此施加正面影响，共同稳定情绪、增强自信、面对挑战。心理激励则强调同学间的正向激励，促使每位学生以积极态度面对学习与生活，通过相互鼓励提升自我认知，挖掘潜能，实现共同进步。

2. 采取自我教育的方式

教育与自我教育，作为文化传承的双翼，各自承载着独特的角色与使命。教育，往往被视为一种外部引导下的接受性学习过程，侧重于知识的传授与技能的训练；而自我教育，则是一种源自内心的主动探索与自我提升活动，它要求个体基于自身发展需求，自主设定目标、规划行动，并通过自我反思、调控与选择，不断优化自我道德品质与综合素养。

在教育理论的璀璨星空中，苏霍姆林斯基犹如一颗耀眼的星辰。他对自我教育的深刻洞见——"没有自我教育就没有真正的教育"及"教育者必先自育"的论断，至今仍振聋发聩，强调了自我教育在教育体系中的核心地位。心理健康教育，作为教育的特殊领域，其核心正是促进个体的自助成长与心理自我学习。尤其对于大学生而言，心理健康自我教育是他们实现自我认知深化、自我建设强化、自我超越达成及自我实现推进的关键路径。

积极心理学视角下，人格的形成与发展是生理基础、外在行为与社会环境交互作用的产物。虽受遗传影响，但人格更多地是在社会实践中被塑造的，并通过积极行为能力的展现得以巩固。自我教育能力，作为这一过程中的核心驱动力，不仅促进了个体心理机制的优化，更成为积极人格建构的根本。对于大学生而言，这一能力尤为关键，它使他们在面对成长挑战时，能够凭借自我观察、分析与评价的能力，主动调整心态，抵御干扰，实现自我超越。

因此，在大学生积极人格的培养实践中，教师是知识的传递者，更是学生自我教育能力的激发者与引导者。教师应不断提升自身素养，创新教学方法，致力于传授科学的心理教育方法，帮助学生掌握自我认知、评价与管理的技巧，挖掘内在潜能，培养积极心理品质。同时，引导学生学会情绪调节，以乐观向上的心态应对生活挑战，最终实现全面而健康的发展。

3. 进行归因风格的引导

归因控制点理论揭示了个体在面对挑战时的两种截然不同的倾向：一部分人倾向于将结果归咎于外部因素，如命运、环境或他人，这类人的控制感源自外界，常常感到无力掌控；另一类人则将责任归于自身特质与能力，如智力、勤奋等，他们拥有内部控制点，视自己为生活的主宰，能够主动影响事态的发展。

在此基础上，解释风格又可进一步细化为乐观与悲观两种类型。乐观者面对失败与挫折时，倾向于视其为暂时的、特定的且为外部因素所致，限制于当前情境；而成功则被他们归因为内在、持久且可泛化的成果。相反，悲观者则将挫败视为长期、普遍且源自内在的打击，认为其会波及生活的其他方面；成功则被他们视为偶然的、外在的、局限于当下的现象。

　　教师作为大学生成长路上的关键指引者，其教育态度与风格深刻影响着学生解释风格的形成。因此，教师需率先垂范，展现积极的人生态度与风貌，并通过科学归因的方法引导学生。这要求教师全面审视事件的因果链条，避免单一归因的片面性，同时警惕情绪与动机对归因过程的潜在扭曲。在引导学生归因时，教师应强调可控性因素的重要性，如个人努力与学习策略，以此增强学生的自我效能感与自信心。此外，鼓励学生反思并调整消极的归因模式，转而采取更加积极的视角，从而体验到更多的自主性与掌控感。

　　在积极心理健康教育的实践中，教师应致力于创造丰富而真实的体验环境，通过组织积极有效的活动，激发学生的内在潜能与积极情感。这一过程的核心在于促进学生的积极体验，使学生在实践中学习、在体验中成长，最终使得心理健康教育既高效又深入。

第八章
生命化教育视阈下大学生心理健康教育实践路径

第一节　生命化教育视阈下
大学生生命意识教育存在的问题及原因

一、生命化教育视阈下大学生生命意识教育存在的问题

（一）对于生命意识的基本内容理解不全面

第一，大学生群体在生命认知上展现出一种复杂的图景：一方面，他们对生命现象持有基本的理解，即认识到生命的起始与终结是自然规律；而另一方面，在面对死亡现象时，大学生们却显露出一定的认知偏差。具体而言，大多数学生接受"生命终结且不可逆转"的观念，但仍有相当比例的学生相信有死后世界或持有"死而复生"的幻想，这反映出对生命终极意义的多样性理解。

随着全球经济、社会与科技的飞速发展，大学生在享受前所未有的发展机遇的同时，也面临着前所未有的生命挑战。尽管他们已成年，具备一定的生存与自我保护能力，但部分学生对生命缺乏足够的热爱、尊重和珍惜，一旦遭遇挫折或情感困扰，如生活压力、职业迷茫、学业重负等，易采取极端行为。这不仅是个人悲剧，也是社会之痛。

值得注意的是，大学生群体正处于从青涩走向成熟的过渡阶段，其心理状态尤为敏感且多变。他们不仅要应对学业上的高要求，还需考虑未来的职业规划与个人发展，同时还需在信息爆炸的时代保持持续学习的能力，并培养适应社会的创新精神和健康人格。这一系列的高期望值，无疑加剧了他们的心理压力与焦虑感，使得他们更容易在困境中迷失方向，甚至采取极端的应对方式。

因此，加强对大学生的生命教育、心理健康教育及抗压能力的培养，引导他们建立正确的生命观、价值观和应对机制，便显得尤为重要。通过教育，帮助大学生认识到生命的宝贵与脆弱，理解死亡的真实与意义，从而更加珍惜当下，积极面对生活中的挑战与困境。

第二，大多数大学生展现出积极正面的自我认知，他们普遍持有对自我的肯定态度，并具备明确的学习动力，对生命价值有所感悟，尽管这种理解尚且浅显，视野有待拓宽，且缺乏深层次的自我觉醒与主动探索精神。自信的建立根植于对自我的悦纳与喜爱，数据显示，近七成大学生能积极评价自我，表示喜欢自己，而仅有少数（不到百分之十）学生明确表达不喜欢自己，另有约五分之一的人持中立态度。自信的真正考验在于面对挫折时的态度，超过六成的大学生在遭遇失败时展现出韧性，选择积极面对，承诺下次会做得更好；然而，也有近三成学生会因此陷入自我怀疑，认为自己"无用"，这凸显了增强挫折教育的重要性。

在人际交往层面，特别是与同龄人的互动中，大学生找到了体现个人价值的重要渠道。几乎所有大学生都拥有朋友，且多数人的朋友圈广泛，三分之一以上的学生拥有超过十个好朋友，近七成学生则至少有三位亲密好友。这一发现揭示了人际关系对大学生心理健康的积极影响。因此，培育大学生积极乐观的心态，构建和谐的人际关系网络，不仅是促进其心理健康的关键，也是有效缓解压力、预防极端行为发生的重要途径。

第三，大学生群体普遍展现出了应对生活压力与挫折的一定能力与韧性，同时保持着积极向上的心态。然而，他们在生活质量这一维度上仍有提升空间。生活质量，作为衡量个体现实生活状况及其主观感受的综合指标，超越了传统的生物医学范畴，融入了心理与社会的双重考量。对于大学生而言，生活质量不仅关乎物质条件的满足，更在于精神层面的愉悦与充实。

快乐，作为提升生活质量的关键因素，其力量不容忽视。它如同心灵的灯塔，引领人们勇往直前，赋予生活色彩与活力。快乐的人，在面对挑战时更显坚韧不拔，能在逆境中发现希望，将压力转化为前进的动力。然而，快乐并非无源之水，它源自一颗积极向上的心，以及对生活细微之处的敏锐感知。因此，提升大学生的生活质量，关键在于引导他们培养乐观的心态，学会在平凡中发现美好，在挑战中寻找机遇。

当前，大学生面临的烦恼虽多样，但大致可归结为四个方面：自我认知的困扰、学业压力的重负、人际关系的微妙以及家庭环境的微妙影响。其中，自我认知的烦恼往往源于个体对自我的过高期待与现实自我之间的差距，这种不满情绪虽多为主观感受，却足以影响个体的心理状态。学业方面，随着社会竞争的加剧，大学生需不断学习新知识、掌握新技能，以适应未来职场的需求，这一过程无疑增加了他们的心理负担。人际关系的复杂多变同样让许多大学生感到困扰，无论是与同学的矛盾，还是孤独感的侵袭，都可能成为压垮他们心理的最后一根稻草。此外，家庭作为个体成长的摇篮，其氛围的和谐与否也直接影响到大学生的心理状态与生活质量。

（二）部分大学生生命意识缺失

第一，不尊重生命。人的生命的产生本身就是一个奇迹，生命的存在就足以构成人们热爱和珍惜它的理由。人的整个身体，比任何人为设计物都复杂而和谐得多，它是千万次进步的成果，而且每一次进步都是偶然的。但个别大学生存在不尊重生命的现象。如无视交通规则乱过马路、学生之间经常发生打架事件等，都在一定程度上反映出个别大学生不尊重自己和他人的生命，不能理解生命存在的意义。只有尊重别人的生命，才是真正的热爱生命，个体生命的存在与他人生命的存在互为前提和条件，不尊重他人的生命也就是不尊重自己的生命。不尊重生命，也必然会带来个人情感经验的缺失，造成人格的扭曲和人性的缺陷，严重的甚至会发展到采取极端的方式去否定生命。

第二，游戏生命。生命存在的意义就在于它能创造价值。生命有通过人的实践活动去超越生命的能力，人的生命过程就是不断地去创造、发展、壮大生命本身的过程。这也正是人的生命与动物的生命存在根本不同的地方。动物的生命是给定的，在动物的一生中，它是不可能改变和超越自己的生命的，而人却不同。个别大学生在进入大学后，没有努力学习，充实自己的知识，并通过知识来改变命运、创造和超越生命，而是不思进取，在游戏中虚耗自己的生命。个别大学生把时间都浪费在网吧里，整天上网聊天；有些大学生则沉醉于爱情的美梦之中；还有些大学生整天无所事事，浪费时间。凡此种种，都是缺乏生命意识的表现。游戏生命，会使大学生迷失生命的本质和创造性，这是对生命的不负责任。

第三，缺乏生命成就感。生命成就感是人对通过实践活动获得的成果的感悟和体认。它体现为人的实践成果对他人、对社会的正向价值，是人对生命创造性的认识和肯定。生命的本质在于通过把创造性的实践活动成果奉献给他人和社会，从而证明自己存在的价值和意义。一方面，科技、社会的发展带来丰富的物质生活，极大地提高了大学生的生活质量；另一方面，大学生生命成就感的迷失导致他们对生命的本质、价值和意义缺乏深刻的认识，从一定意义上说又使得大学生生活质量有下降的趋势。面对生命在现实生活中的这种矛盾，就要求大学生具备一定的生命意识，找回生命成就感，在社会实践中创造性地实现生命的价值和意义。

二、基于社会、教育及个人心理原因角度探讨大学生生命意识缺失

生命意识缺失使大学生及其家庭、学校和社会都付出了不同程度的代价，人们必须反思其原因。大学生的生命意识缺失既有社会环境的原因，也有教育环节的原因，同时还有大学生自身的原因。

（一）社会环境：精神家园的失落

现代人正面临着前所未有的精神危机。随着社会生活节奏的加快，竞争不断加剧、人际关系日益复杂、观念多元多变，这些都大大加重了人们的心理负荷，容易使人失去安全感、稳定感，陷入焦虑、不安、压抑和担忧中，变得茫然和无所适从，甚至可能引起精神病态反应乃至变态行为，严重影响生命质量。环境因素直接或间接地使大学生也同样面临着精神上的"无家可归"。一些大学生原本就缺乏对生命意义的理解，加之社会追逐利益的潜移默化的影响，更容易导致心灵的空虚和对生命诉求的漠视。

（二）教育环节：生命意识教育的欠缺

1.家庭教育忽略生命成长问题

在家庭教育领域，长久以来，"望子成龙""望女成凤"的传统观念深入人心，导致学业成绩被多数家长视为衡量子女价值的唯一标尺，而孩子的自然天性、高尚品德与心理健康的全面发展却常被置于次要地位。

具体到教育实践上，中国学龄儿童学习乐器的比例显著高出国际水平，但遗憾的是，这一行为多被家长视为智力投资或技能提升的手段，而非情感与审美的培育途径。这种功利性的导向，无形中削弱了艺术教育在陶冶情操、丰富内心世界方面的独特价值。

此外，不当的家庭教育方式，如过度专制或无条件溺爱，以及家庭成员的不良习惯或家庭结构的重大变化，都可能成为塑造孩子性格的负面因素。这些环境因素可能导致孩子形成自私、压抑、专横或任性的性格特征，甚至在某些情况下，孩子可能会采取极端手段以达成个人目标，反映出性格上的扭曲与缺陷。

因此，家庭在促进孩子健康成长、塑造积极生命意识的过程中，应更加注重平衡孩子的全面发展，尊重并引导其天性，同时优化教育方式，营造和谐温馨的家庭氛围，以支持孩子形成健全的人格与良好的心理素质。

2.学校教育缺乏生命化教育目标

教育的终极目标，在于将每一个个体培育成为身心健康、能够和谐融入社会、拥有健全人格、生存技能及创新能力的社会成员。然而，在物质主义盛行的当下社会，教育的焦点却逐渐偏离了其本质目的，过度偏重知识的传授与技能的培养，忽视了人的全面发展与生命意义的探索。

在这一技术为导向的教育模式下，部分大学生深感大学生活单调乏味，生活理想模糊，目的感缺失，进而陷入迷茫与失落的状态。生命化教育，这一强调生命意义、情感价值与人格完整性的教育理念，其价值虽日益受到重视，但在我国高等教育体系中却仍显薄弱。高校普遍缺乏生命化教育的氛围与系统性内容，鲜有生命伦理等相关课程开设，忽视了对大学生生命意识的培养。这不仅削弱了学生对生命的敬畏与珍视，还可能导致他们对自我及他人生命的漠视，进而影响到社会的整体和谐与进步。

学校教育与家庭教育的错位，进一步加剧了这一问题。大学生在成长过程中，若缺乏正确的生命意识引导，往往容易陷入价值观念的混乱，过于追求物质享受而忽视生命本身的价值与意义。大学本应是知识与精神并重的殿堂，但教育的功利性与实用性倾向，往往使学生专注于"何以为生"的技能积累，却忽略了"为何而生"的深刻反思。这样的教育模式，虽然能让学生掌握谋生的本领，却难以激发他们的内在动力与生命活力，导致部分学生缺乏自我认同与幸福感，难以发现生活的美好与他人的价值。

因此，深刻反思当前教育模式，推动生命化教育的实施，成为时代赋予我们的紧迫任务。我们需要让教育回归其本质，承担起唤醒生命意识、引导个体探索生命意义与价值的责任，培养出既有知识技能又有人文情怀，既能生存又能思考的真正人才。

（三）大学生个体：精神迷惘和心理危机

受传统教育的影响及自身心理的不成熟，大学生常因失恋、学业受挫、经济困难、人际关系不良等问题形成心理障碍。清华大学从事心理健康研究的李虹博士认为：目前大学生普遍存在心理压力大的问题，一方面，社会、家庭和学生自己都有很高的期望；另一方面，学生本人期望过高和达成期望渺茫之间的矛盾也很大。其中学业压力是大学生做出极端行为的首要原因，其他原因还有人际关系（亲情关系、师生关系）冲突、缺乏积极的人生理想和目标等。外界的压力和内心的空虚不断地冲击学生的心理，继而导致严重的心理问题。如果这些问题得不到及时的解决和疏导，就会导致大学生对于生命存在的意义与价值感到日益迷茫与困惑，从而做出极端的行为。

1.生命认知和生命信仰的缺失

第一，大学生生命价值观的缺失，构成了生命意识淡薄现象的核心思想根源。若缺乏对生命的深刻反思、对生命意义的充分理解，以及若没有持有一种积极向上的生命态度，个体便容易陷入生存的虚无与挫败之中。尤为值得关注的是，当前社会中某些不良价值观的渗透，正悄然改变着部分大学生的生命观念。他们虽强调生存权利的宝贵，却也将放弃生命视为一种个人权利，认为生命完全属于自己，个体对生命拥有至高无上的决定权，生死抉择纯属私人事务，他人无权置喙。

在这种观念下，大学生在面对生活挑战、遭遇困境或承受心理压力时，可能更倾向于将极端行为视为一种解脱方式，忽视了生命的不可逆转性与宝贵价值。因此，培养大学生形成积极健康的生命价值观，深化他们对生命意义的认识，增强生命责任感与珍视感，成为当前教育工作中亟待解决的重要课题。通过正面引导与心理干预，帮助学生树立正确的生命观，学会在逆境中寻找希望，勇于面对挑战，珍惜并善待每一个生命瞬间，是构建和谐社会、促进个人全面发展的关键所在。

第二，伴随着"心理断乳期"的精神困惑与自我认同的挑战，与生命意识的缺失现象紧密相连。在这一特殊成长阶段，在自我认同的危机时期，大学生往往深陷于自我价值探索的迷雾之中，对生命本质的理解显得浅薄，感到迷茫。这种认知上的偏差与生命信仰的缺失，导致他们难以把握生命存在的深远意义与内在价值，心灵世界因此变得空洞而彷徨。

在这样的状态下，部分大学生可能转而寻求浅层次的感官刺激，以填补内心的空虚，结果却往往是虚度了宝贵的青春时光，甚至陷入自暴自弃的境地。他们不仅对他人的生命缺乏应有的尊重，对自己的生命也同样缺少珍视，表现出对生命意识的淡漠与疏离。因此，加强大学生生命教育，帮助他们建立正确的生命观念，明确自我认同，是引导他们走出迷茫、珍惜生命、积极面对生活的关键所在。

2. 心理素质的缺陷

大学生所处的年龄段，从生理层面来看，恰处于生物医学界定的"青春期危机"阶段。虽然这一时期的生理发育已趋于成熟，但心理上却往往伴随着不平衡和高度的冲动性，使得他们在外界刺激下更易采取极端行为。从心理视角来看，大学生群体面临的心理健康问题亦是其生命意识异化的重要诱因。面对学业竞争、人际交往、情感管理等复杂挑战，部分学生未能采取积极的应对策略，反而选择自我封闭，沉溺于虚拟世界，最终导致孤独、自卑等负面情绪的累积。长期处于这种心理状态，一旦遭遇重大生活事件，他们可能因无法自我调适而萌生放弃生命的念头。

进一步剖析，个体心理素质的薄弱是生命意识缺失的内在根源。不容忽视的是，当前部分大学生存在心理疾病迹象，表现为认知僵化、行为消极或极端，生命韧性显著降低。针对此现状，高校需强化心理健康教育体系，着重提升学生的生命意识与心理韧性。

综上所述，大学生生命意识的缺失是多因素交织作用的产物，其中既包含社会、家庭、学校等外部环境的影响，更核心的是学生自身的内在因素。这一现象的本质，是学生承载着精神失衡、教育导向偏离及心理危机等多重"重负"。因此，要有效应对大学生生命意识缺失问题，需从多维度入手，既要关注外部环境的优化，更要注重学生内在心理素质的培育与提升。

第二节　生命化教育视阈下
大学生心理健康教育体系构建

一、建立高校心理健康教育的业务工作体系

（一）高校心理健康教育课程体系的设置

大学生的心理健康教育课程应该形成体系，包括开设必修课、选修课，并开展专门的讲座。这些课程旨在培养学生的学习兴趣、成功意识和坚强意志，同时加强心理健康教师队伍的建设，构建大学生心理健康教育课程体系。

第一，开设心理健康教育必修课程。高校在推进大学生心理健康教育方面的首要举措应为设立专门的心理健康教育课程体系。这包括在思想政治理论课框架内融入心理健康教育模块，并提供一系列针对性强的选修课程，以全方位强化学生的心理素质。心理健康教育课程的设计需紧密贴合学生实际，持续更新教学内容，并采用灵活多样的教学方法，如案例教学、互动体验活动及行为训练等，以增强教学的吸引力和实效性。特别是针对大一新生这一特殊群体，高校应将其视为心理健康教育的重点对象，通过开设必修的大学生心理健康课，帮助他们顺利完成从中学到大学的过渡。课程内容涵盖新生入学的心理调适，提前预警并防范潜在的心理问题，引导学生迅速调整心态，明确自身角色定位，以积极饱满的状态投身于全新的学习与生活之中，为个人的全面发展奠定坚实的心理基础。

第二，开设心理健康教育选修课程。除了开设心理健康教育的必修课外，高校还可以考虑开设心理健康教育的选修课，目的是调节大学生在人际交往、婚姻恋爱以及学习过程中存在的心理问题。针对大学生常见的心

理健康问题，高校还可以相应地开设人际交往心理学选修课、婚姻恋爱心理学选修课以及学习心理学选修课等。

第三，根据大学生心理发展开设专题讲座。鉴于大学生心理健康问题随年级增长而呈现出的多样性与差异性，高校应采取分层分类的教育策略。针对大一新生，主要存在适应性问题，可通过举办"大学新生入学适应"系列讲座及交流活动，鼓励他们在与同伴的互动中分享困惑，共同寻找解决之道，从而快速融入大学生活。对于大二、大三学生，鉴于其面临的人际交往与恋爱挑战，高校应组织相应的心理健康专题讲座，引导学生掌握有效的沟通技巧，树立正确的恋爱观，促进其情感成熟与社交能力的发展。步入大四，学生往往被就业与未来规划所困扰，高校应开展就业心理辅导，帮助学生明确职业方向，提升求职竞争力，同时培养学生应对就业压力的心理调适能力。此外，针对大学生普遍存在的情绪管理难题、自我意识薄弱、生命教育缺失及挫折应对能力不足等问题，高校应将心理健康教育贯穿于各年级，通过多样化的教育形式，如工作坊、小组讨论、在线资源平台等，为学生提供个性化的学习路径，助力其自我探索、情绪调控、逆境成长及对生命意义的深刻理解，使每位大学生都能在成长道路上健康前行。

第四，充分利用校园各种教育资源开展心理健康教育。学校可以制作心理健康教育网页，开展网上心理宣传、辅导、咨询等活动，形成良好的心理互动模式。在校报上开设心理辅导专栏，由专家定期解答学生疑问。学校还可以利用校园广播、橱窗等宣传手段，宣传、普及心理健康知识，加强对学生的心理健康教育。

总之，心理健康教育的课程体系是根据学生生理、心理的发展特点以及心理健康发展的目标体系，综合运用有关心理教育的方法和手段，以提高大学生心理素质为出发点而进行系统教学的。其中要注意普及必要的心理健康知识，使学生了解心理发展变化的规律；激发他们参与心理培训与自我教育的积极性；帮助他们认识自我身心的特点，掌握心理调适以及消除心理障碍的有效方法；处理好自我管理、学习成才、人际交往、人格发展和情绪调节等方面的困惑；完善个性，提高承受挫折和适应环境的能力；针对不同阶段大学生易于存在的心理问题进行预防教育，引导他们健康成长。

（二）完善高校心理健康教育的咨询服务体系

高校心理健康教育咨询服务体系的核心是咨询门诊，其主要的作用是帮助有心理障碍的学生恢复正常心理状态，初步鉴别需要转介的重症心理异常者。

在高校建立这一体系有其客观需要。据一项调查表明，20% ～ 30%的高校学生中存在心理问题，其中约 10% 有较严重的心理障碍，严重心理异常者约占 1%。❶ 这部分学生的心理素质，仅靠教育或属于教育性质的咨询辅导难以改善，必须有咨询治疗的介入。

大学生心理咨询工作在中国虽然已经开始，但仍有待改进和加强。当前高校心理咨询的主要问题如下：一是被动等待大学生前来咨询，而非主动出击；二是心理咨询工作有头无尾，没有贯彻始终。针对目前高校心理咨询工作所存在的问题，我们认为可以从以下两个方面来加强心理咨询工作：

1. 将心理咨询工作贯穿大学生生活的始终

第一，开展心理测试，建立学生心理档案。心理测量是一种对人的心理、行为进行标准化测定的技术。通过心理测量，能够了解、把握学生的心理状况，并为有效地教育提供较为科学的信息和依据。但在具体工作中使用心理测量的结论时要十分慎重，一般只能作为参考。心理测量的主要方法是通过各种问卷和量表进行，如智能测量、人格测量、临床测验等。通过测量建立学生心理档案并制成卡片，进行分级分类管理，为学校心理咨询工作连续、稳定地开展提供基础保证。

第二，跟踪调查，做好工作。心理咨询工作者应主动开展持续跟踪调

---

❶ 沈慧. 大学生心理咨询与心理健康教育体系的构建［J］. 考试周刊，2018（42）:1.

查，精准识别出存在显著心理困扰或有严重心理问题的学生，并为其量身定制个别辅导计划。每位学生的心理档案都是宝贵的资源，详细记录了其能力特质、人格特征、心理健康状况、学习心理模式及职业潜能等方面的信息，并附带了针对性的教育建议与培养策略。基于这些个性化资料，心理咨询工作者能更有效地实施个别辅导，帮助学生克服心理障碍，促进全面发展。鉴于个别辅导工作的复杂性与时间成本，心理咨询工作者通常会优先关注那些心理困扰较为显著或问题较为严重的学生。然而，在资源充足的情况下，也应鼓励对所有学生进行个性化辅导，以全面促进学生的心理健康与成长。在辅导过程中，心理咨询工作者可根据学生的具体需求，灵活选择单一问题或综合多维度进行干预，使辅导方案既具有针对性又不失全面性，从而真正实现"因材施教"。

第三，关注心理发展，发现问题及时解决。学生心理发展是一个动态发展的过程，它反映了学生心理的成长轨迹。关注学生心理档案，不仅可以考察学校教育措施的效应，还便于及时进行心理咨询，防止意外事件的发生。因此心理咨询工作者要注意与辅导员、班级干部经常保持联系，及时发现问题、解决问题。

建立学生心理档案，进行心理咨询的目的是促进学生心理发展和人格健全，维护学生心理健康，提高学生心理素质，保障学校教育教学效果。心理咨询工作者在进行大学生心理咨询时要结合学校、年级、班级和学生本人的特点来进行，要有整体观念，把大学生心理咨询看作一个相互联系的系统，因为心理咨询的各方面内容是相互联系、相互影响、相互促进的。

2. 通过多种形式开展心理咨询

第一，鼓励朋辈咨询。朋辈咨询作为一种互助模式，鼓励年龄相仿的个体之间，在周围同学或朋友面临心理困扰时，主动提供心理慰藉、支持与引导，这种非正式的帮助形式与专业心理咨询相辅相成。研究表明，大学生在遭遇心理难题时，更倾向于首先向同龄的伙伴寻求帮助，而非直接咨询专业人员，这体现了朋辈咨询在即时性、亲近感及便捷性上的独特优势。朋辈咨询不仅能有效减轻学生的心理压力，还能作为学校心理咨询服务的有效补充，与其共同构建全方位的心理支持体系。为了促进朋辈咨询的有效实施，心理咨询机构可以精心选拔一批综合素质高、心理素质过硬的大学生，通过专业培训，不仅强化他们的职业道德观念，还传授给他们实用的咨询技巧，使他们能够胜任初步的心理辅导工作，成为连接学生与专业咨询服务的桥梁，从而扩大心理服务的覆盖面，提升心理健康教育的实效。

第二，推广网上咨询。目前高校都有畅通便捷的校园网络，网上咨询指利用计算机网络对大学生开展心理咨询活动。大学生心理发展具有明显的闭锁性，当出现心理困惑时，他们一方面没有勇气去咨询室寻求面对面的帮助，另一方面又渴望与人沟通和被人理解。因此，以平等交互、虚拟隐藏性为基本特征的网上咨询就特别适合有求助需求又不愿走进咨询室的学生。这种方式可以拓宽心理咨询途径，在时空上满足学生的不同需求。

第三，书信电话咨询。当一些学生遇到面对面难以启齿的问题时，为了减轻学生内心的紧张和压力，书信和电话咨询不失为一种好的方式。这种方式虽然不像其他方式那样便捷，但比较受学生欢迎。

第四，团体与个别咨询结合。个别咨询指咨询工作人员与来访者一对一地直接接触，对来访者的个性特点及问题类型，有针对性地提供指导和帮助。目前，个别心理咨询的方式已满足不了大学生的心理需要，针对大学生的共性问题开展团体咨询便成为高校心理咨询的重要方式之一。

（三）充实高校心理健康教育的实践活动体系

心理健康教育应深入生活和实践，让个体更多地在真实情景中操作和体验，只有这样才能让学生在参与中、在实践中真正接受心理健康教育。

其中，最主要和最直接的实现方式就是在心理健康教育中突出以活动为主的特点，寓心理健康教育于活动之中，使学生自我生存、自我调控、自我激励、自我发展和自我认知的能力不断提高，并学会自我心理调适的方法，消除负性情绪的心理困惑，适应复杂的社会生活变化。校园文化中的心理健康教育活动，可以有效弥补课堂教学的不足，是心理健康教育的重要途径之一。而完整的心理健康活动体系的建立，则在心理健康教育的监护层面上，为提高学生的心理素质提供了保障。

1. 高校心理健康教育校内实践活动的开展

心理健康教育活动体系是校园文化体系的重要组成部分，业余心理咨询机构如心理协会、爱心小组、俱乐部、心灵热线、声讯电台等是协助专业机构开展心理健康活动的主力军；系统化的活动内容和多样化的活动方式则是吸引广大学生参与的重要保证。因此，有目标、有计划的心理健康教育活动体系的构建有助于全方位营造有利于学生心理素质发展的校园文化氛围。

大学生心理活动的丰富性和心理特点的多样性，决定了大学心理健康教育不能单纯采取知识传授的模式，而应当以多种活动方式为载体，采取多元化的教育活动措施。比如，组织心理健康协会活动，举办心理漫画展、心理征文比赛，进行心理剧表演，与学生实际相结合举办各种讨论性讲座，鼓励学生使用心理热线电话和网上论坛，宣传优秀贫困大学生逆境成才的事迹等。下面列举了五种具体活动以供参考。

（1）团体行为训练。团体行为训练具有如下三个方面的特点：第一，由教师进行有目的、有计划的组织，并面向心理正常和健康的学生。由于团体行为训练有别于针对深层次心理障碍的咨询与治疗，因而易于取得以点带面的效果。第二，教师既可针对具有相同心理发展需要的学生群体进行训练，也可针对改善班级、宿舍等管理型组织的人际关系进行训练。第三，大学生已具备较高的心理认知水平，团体训练有助于他们通过这种模拟实践来深化理性认识。如结合思想品德课程学习澄清个人价值观念、结合对人际关系的理解增强集体合作意识、结合自己的长远目标合理调整阶段性预期目标等。团体行为训练主要依赖于大学生心理健康中心团体行为训练室和大学生心理健康协会。

（2）心理剧汇演及剧本大赛、征文比赛、心理漫画比赛。举行心理健康征文比赛、心理漫画展以及心理剧汇演等学生喜闻乐见的活动，让学生写"心事"，共同分享自己对心理健康的理解和看法。

（3）心理影片观摩。播放心理影片能有效引起学生的兴趣。影片开始前，教师可以进行观看引导；放映结束后，学生可以进行与心理学相关的影评；教师也可以让学生互相讨论，交流各自感悟，分享所得，在活动中共同获得心理方面的成长。教师要注意的是，影片的播放要有计划，并且涵盖内容广泛、全面。

（4）学生心理互帮咨询热线。这是由学生自行发起的心理互帮互助小组。一个完整的学生心理健康监护系统还应该包括学生的自助机制，准确地说是学生的互助机制。心理辅导的最高目标是助人自助。学生自助机制也可以看作达到学生自我帮助目标的一个中间层次。在学生中建立起纳入学校心理健康监护系统的学生自助机制，对学生心理健康的维护作用是巨大的。学生最了解学生，学生自助有时还可能产生特殊而有益的效果。

（5）建立心理健康图书角、举办心理沙龙、开展心理读书会、开展心理小测验服务日活动、发行心理小报、建设心理网站等，既是宣传方式，又是有利于学生随时参与的平台。这些方式有利于营造良好的心理健康教育氛围。

2. 高校心理健康教育校外实践活动的开展

学校应积极为大学生创造社会实践的机会与条件，鼓励他们深入社区、医院等场所进行实地学习与体验。通过广泛的社会实践活动，帮助学生形成对自我发展（涵盖生理与心理层面）及其内在规律的深刻认知，并在实践中准确定位自我在社会结构中的客观角色，构建稳固的心理支撑点。

第一，学生需树立正确的价值观，认识到他人在社会生活中的不可或缺性，尊重并珍视每个人的存在价值。在展现个人才能与个性的同时，学生应学会与他人和谐共处，培养团队协作精神，共同促进任务的完成与目标的实现。

第二，社会实践为学生提供了加速个人社会化进程的宝贵机会。学生应借此契机，尽快缩短从校园到社会的心理适应期，通过实际生活的锻炼，建立起与周围人群及社会的良好互动关系，为自身心理健康的持续发展奠定坚实的外部环境基础。

第三，学校应将社会实践活动作为引导学生树立崇高理想、形成正确人生观与价值观的重要途径。鼓励学生透过现象看本质，增强对复杂社会现象的理解与分析能力，同时，有意识地培养学生的自我心理调控能力，使其在面对挑战与压力时能够保持冷静与理性，使心理调控成为自我保护与成长的有效武器。通过这一系列努力，不仅促进了学生个体的全面发展，也为构建更加和谐、健康的社会环境贡献了力量。

（四）加强高校心理健康教育的研究活动体系

大学生心理健康教育工作除了在日常的教育和管理中探索思路、总结经验、开拓创新外，心理健康教育工作者还应对大学生心理健康状况和心理素质发展的规律进行系统的研究，要对日常教育与管理中的热点、难点问题进行深入的调查研究，分析当代大学生的心理特点，以界定不同年级、不同群体的学生在心理健康教育、心理咨询和心理治疗方面的需要，从而使具有不同心理健康需要的学生获得不同程度的改善和发展的能力。另外，心理健康教育工作者还应不断地参加心理健康教育方面的学术研讨和交流会议，在学习和交流中，通过"请进来、走出去"的方式，掌握大学生心理发展的规律，探索大学生心理教育工作的新途径、新方法，不断解决大学生心理素质培养中遇到的新问题，着力提高大学生心理健康教育工作队伍的整体水平，从而推动学生心理健康教育工作朝着科学化、规范化的方向迈进。

第一，应强化多元研究范式，深度融合质性与量化研究方法。在全球化背景下，科学研究正趋向于跨学科整合，强调自然科学与人文社会科学的交融。中国对大学生心理健康的研究亦应顺应此趋势，广泛吸纳医学、教育学、社会学、思想政治学、伦理学、家庭学、文化学等多领域的知识与研究成果，通过跨学科合作，运用多样化的研究方法，实现质性与量化研究的有机结合。这一策略不仅能拓宽研究视野，挖掘新的学术生长点，还能有效提升研究的深度与广度，克服单一学科研究的局限性，增强理论阐释力与实证研究的有效性。

第二，研究应紧密围绕实际问题展开，强化理论与实践的紧密联系。中国的大学生心理健康教育需坚持问题导向，注重研究成果的实际应用与问题解决能力。研究应紧跟社会发展步伐，紧密贴合大学生的身心特点及其心理健康现状，既关注大城市、重点高校学生的心理健康问题，同时也重视普通高校及高等职业技术院校学生的需求，并加大对本土化心理健康评估工具的研发力度，开发出更符合中国大学生特点的心理健康量表。研究者需深入学生群体，倾听他们的心声，了解他们的实际需求，采用切实有效的预防与干预措施，真正解决大学生的心理健康问题。

第三，应加大研究成果的普及与推广力度。通过辅导员培训、经验交流会等多种形式，将最新的研究成果与实践经验广泛传播，指导大学生心理健康教育工作。这不仅有助于提升教育工作者的专业素养与能力，还能促进心理健康教育理念与方法的普及，为大学生提供更加科学、有效的心理支持与帮助。

二、建立高校心理危机预防与干预体系

大学生心理危机的预防与干预是学校心理健康教育工作中一个重要而迫切的课题。在学校心理健康教育体系中，应形成预防和干预学生心理危机的机制；建立心理危机干预的工作制度，使危机干预工作具有科学性和操作性，做到危机前主动预防、危机中及时干预和危机后跟进辅导，实现从上到下、由下至上的相互配合与协调，形成有效的干预程序。如此，把学生管理、心理健康和公共卫生几个层面有机统一起来，形成管理、医学和心理相结合的危机干预模式。

每个学生在发展过程中都会遇到各种各样的危机事件，虽然危机会给人的心灵造成创伤，导致紊乱和不平衡，但同时也蕴藏着成长的机会，因为绝大多数人在危机的痛苦中会寻求帮助，所以危机对人的影响是危险和机会并存的。因此，危机预防和干预具有特别的意义和价值，解决危机会促进学生的成长和成熟。

第一，危机前的积极预防——教育和宣传。在构建学校危机应对体系

之初，首要任务是凸显教育与宣传的预防性效能，实施多元化宣传策略与教育活动。针对学生不同年龄段的心理发展规律，学校应精心设计心理教育课程与专题讲座，旨在增强学生的自我认知与情绪管理能力，培养其卓越的沟通技巧（特别是成人间的有效对话），教授学生积极应对冲突与压力的策略，以及掌握应急处理与求助的正确方法。此举措不仅能够提升学生的心理健康素养与自我调适能力，还能激发他们的互助精神，丰富应对危机的资源储备，强化学生的问题识别与解决技能。

针对教师队伍，特别是管理人员、班主任及校医，应定期组织危机预防专项培训，使他们在面对学生异常行为或心理困扰时，能够采取更为精准、专业的应对策略，避免简单地将问题归咎于思想或道德层面。培训应强调倾听、尊重与理解的重要性，鼓励教育者以更加开放和包容的态度与学生交流，减少说教、劝诫与无谓批评，从而建立更加和谐、有效的师生互动关系。

在危机预防的宣传策略上，应充分利用网络平台、校报、校园广播、期刊杂志、宣传展板、指导手册及图文并茂的宣传资料等多种形式，实现信息的广泛覆盖，使其深入人心。通过这些渠道，不仅能让广大师生深刻理解潜在危机的识别标志，还能激发他们的预防与干预意识，提升实际操作能力。最终，这种全员参与的宣传教育模式将转化为学校内部强大的危机预防网络，每一位师生都能成为潜在的危机干预力量，通过相互支持与有效协助，共同将危机事件的发生概率降至最低。

第二，危机中的及时干预——短期治疗。一般来说，短期治疗的危机干预包括多方面内容：一是迅速检查和评估当事人的危机程度。教师要采取适当的方法评估当事人的行为、情感和认知方面的情况，判断当事人的危机严重状况，把对自己和他人的生理和心理危险降到最低，确保当事人和其他人的安全。二是从当事人的角度帮助他探索和确定问题。在危机干预中教师不要批评当事人的行为或想法，也不要评价其行为和处境，而是要与当事人进行沟通和交流，以无条件地接纳、真诚和尊重的态度让当事人感受到支持和帮助，让其在有安全感的氛围中宣泄各种情绪和表达自己，从而使失衡的心理状态恢复平衡。三是帮助当事人选择解决问题的方法。处于危急状态中的当事人经常思维不灵活或封闭了周围的资源，而在当事人恢复到危机前的平衡状态后，要帮助当事人从不同角度和途径思考解决问题的方式，改变当事人应对压力的行为方式和思维模式，使当事人能够在危机中成长。需要注意的是，当事人应根据自己的能力和实际情况选择新的方法，而不是让别人替他做选择。四是要得到当事人的承诺和保证。为了保障当事人所选择的新方法具备有效性，要让当事人有所保证和承诺，否则应对问题的新方法会没有意义。

第三，危机后的跟进治疗——心理治疗和辅导。在构建学校心理危机干预机制时，后期干预尤为关键，它涵盖了心理治疗与辅导，必要时还需引入精神病学治疗，以精神科医生和心理咨询专家为主导，助力当事人恢复至危机前的认知、情感与行为功能水平，降低长期心理风险，引导当事人以健康方式应对损失，终结危机阴霾。

同时，不容忽视的是与当事人紧密关联者的心理支持。他们同样可能因直接或间接经历危机事件而深受影响，其心理需求却常被忽视。故而在跟进工作中，也应为他们提供必要的心理辅导。

为强化学校应对危机的能力，行政人员与教师需接受专业危机干预培训，提升预防与应对水平，做到未雨绸缪。此外，与校外精神病医生、心理学家等专业人士紧密合作，构建起集预防、干预、治疗、辅导于一体的综合体系，这是构建有效危机干预机制的关键。此体系强调危机前的积极预防、危机中的迅速响应与危机后的持续跟进，从而实现管理、医学与心理资源的深度融合。

总之，学校心理危机干预机制的建立需汇聚多方力量，包括学校管理层、各级领导、班主任、任课教师、医务人员及心理专业人员，并充分利用校外资源，形成合力，以全方位、多角度的方式，为处于危机中的学生提供有力支持，促进其健康成长。

第三节 生命化教育视阈下
大学生心理健康教育的实践路径

一、丰富心理健康教育内容

（一）开设关注学生生命发展的心理健康课程

1.通过认知教育加深大学生的生命认知

第一，帮助大学生通过认知自我发现自己的生命意义。高校目前的心理健康教育课程中已经含有教育大学生正确认知自我的内容。大学生对自己的认识分为理想的"我"和现实的"我"。理想的"我"是大学生对自己的完美期待，而现实的"我"总是和理想的"我"存在不同程度的差距。当大学生对自己理想的"我"过度追求，却又找不到合适的方法缩短现实的"我"和理想的"我"的差距时，就会出现不同程度的心理问题。而且，大学生的自我认知影响其对自身生命意义的探索。个体对自己生命意义的理解是以对自己的看法、认知为基础的。高校的心理健康教育课程可以通过激励教育，培养大学生的自尊，在肯定自己优点的同时，接纳自己的不完美，能够学会合理地调整对理想的"我"的标准。教师要帮助大学生正确认识自己和周围的人、物的关系，正确看待他人对自己的评价，明白自己生命的自主性，不要做任何事都被他人的看法牵绊，知道自己为什么活着。教师要启发大学生正确认知自我，进而充分发挥自己的能量，真正实现自我的成长与发展。

第二，帮助大学生认识实现生命意义的途径。心理健康教育工作旨在培养大学生的自我管理能力，明确人生目标并激发大学生持续奋斗的动力。心理健康教育工作的核心在于引导学生认识到，作为学生，学习不仅是基本职责，更是实现个人价值与人生意义的重要途径。在心理教育课堂上，教师应敏锐捕捉契机，通过实例启发，让学生亲身体验到学习带来的成就感与满足感。具体而言，当学生能够灵活运用所学知识，创造性地解决生活问题时，教师应及时给予正面反馈与鼓励，让学生深切感受到个人能力的提升与成长的喜悦。这一过程不仅增强了学生对学习价值的认知，还激发了他们内在的创造力与自我肯定，从而促使他们自发地、热情地投入学习中，形成良性循环。

2. 通过情感教育提升大学生的生命责任感

情感是认知的深刻影响者。在高校心理健康教育课程中进行情感教育，旨在唤醒大学生对自身责任的深刻意识，并引导他们以正面视角审视这些责任。爱的力量尤为关键，它促使个体超越自私，学会关爱他人，同时也教会我们珍视自我，避免因一时无法履行社会责任而陷入自我怀疑。

为实现这一目标，高校心理健康教育需突破传统课堂的界限，延伸至课外实践，鼓励学生参与社会服务活动。例如，组织前往山区支教或去孤儿院进行志愿服务等，让学生深刻体会到生活幸福与家庭温暖的可贵，进而激发其对家庭及社会的责任感。同时，与弱势群体的互动将促使学生思考生命的意义与价值，认识到生命虽短，却可通过服务他人、奉献社会来拓展其深度与广度。

此外，重要的是要让大学生认识到，当前个人的力量虽有限，但通过不懈努力与学习，未来他们能够成长为更加强大的自己，为自我实现、助人利他及社会进步贡献更大力量。这一过程不仅是知识的积累，更是情感与认知的双重成长，助力学生形成积极向上的人生观与价值观。

3. 通过挫折教育培养大学生的生命意志力

生命中遇到的挫折看似是生活给人们的阻碍，但其实也是生活给人们的成长机会。人生当中的不幸是无法避免的，但是面对这些不幸人们仍旧可以选择自己的态度，从挫折中依然可以体会到生命的意义。因此，心理健康教育课程在对大学生进行挫折教育时，不仅要帮助他们从现实的挫折中走出来，还要改变他们今后对待挫折、对待自己的态度，要帮助大学生认识到苦难也是有两面性的，从挫折的教训中可以改变和提升自己，学会确立更加合理、贴合自身实际的目标，增强价值评判能力，学会乐观应对成长中的挫折，积极调适自我，提升自己的意志力，让自己不被挫折打败，从挫折中寻找自己存在的意义和价值。例如，以大学生遇到的学业挫折为契机，它可以让大学生全面地审视自己，正视自己已做的努力与自己能力的不足，在提高现实能力的基础上降低对理想自我的要求，通过失败的教训为自己今后取得进步积累经验。而且，将一些名人的事例和大学生自己之前战胜困难的经历进行对比，可以启发大学生意志力的培养，使他们在今后的学习生活中遇到挫折时能够坚持下去。大学生向往能够自主决定自己的生活，因此在自由意志受阻时会受挫。挫折教育可以使大学生认识到自由是相对的，在处理自身和社会、环境等的矛盾和冲突时，能保持积极健康的心理，积极调适自我，顽强地应对生活给予他们的挑战。

（二）开展促进学生生命健康发展的心理咨询工作

1. 帮助学生把心理咨询当作生命成长的机会

在推广心理咨询服务时，学校教师及相关负责人需兼顾宣传的广泛性与深度，促进大学生对心理咨询的正确认知与积极接纳，视其为个人成长的宝贵契机。

首先，要帮助学生充分理解心理咨询的保密原则，消除其关于信息泄露的顾虑，从而营造出一个无惧表达、坦诚相待的咨询环境。

其次，应明确传达心理咨询的核心理念：它并非是替代学生解决问题的捷径，而是一个在信赖与安全的氛围中，通过个人倾诉与专业引导，帮助学生实现自我发现与成长的过程。这一过程强调"助人自助"，鼓励学生主动探索内心，增强自我解决问题的能力。

最后，丰富心理咨询的宣传形式亦不可忽视。除传统的个体与团体辅导外，还应积极推广网络心理咨询等新兴模式，展现心理咨询的多样性与便捷性。重要的是，要让大学生认识到，无论哪种形式的心理咨询，都是对生命成长的深度投资，而非仅针对已有问题的解决手段。通过咨询，学生可以更深刻地认识自己、理解自己，从而在生活中更加自信、从容地前行。

2.通过学业支持对学生进行生命关怀

尽管学校心理咨询室的教师具备心理学方面的知识以及咨询的实践经验，但是咨询室教师的力量是有限的，因此应该加强对其他任课教师生命意识的培训及对学生学业的支持。学校要为任课教师提供技术支持，通过"工作坊"的形式培训任课教师处理问题的技能。此外，生命化教育的课程内容可以和很多其他课程结合，在对教师进行学业技术支持的同时，学校还要培养专业教师的生命化教育意识。例如，对历史课教师的要求是，能够通过著名历史人物激发学生对生命意义的思考；对生物课教师的要求是，在讲述生理知识时能启发学生了解生与死的过程，使学生能够善待生命等。在学生的心理需求中，有已经出现的显性需求，还有经过一段时间才能显现的隐性需求，而高校的心理健康教育工作要从学生生命发展的角度开展，不能被动等待那些隐性的问题显露后再补救。因此学校要从学生入学后就关注学生的潜在心理需求，为他们提前提供各种学业支持。例如，在大一新生刚来时，学校可以通过工作坊的形式加强对大学生学习技能的培训，而且在对全体学生进行集体辅导的基础上，对一些有学习困难、承受力较差的学生要重点关注。

二、拓展心理健康教育方式

（一）注重学生体验的教学方法，引导学生思考生命

一些学生通过心理健康教育知识，可以意识到自身存在的心理问题，但是不能恰当地解决。而且，学生已经对说教的模式产生了免疫，不从生命本身出发的问题已经难以让他们产生兴趣。这源于在学习过程中缺乏让学生切身的体验，难以让学生产生认识、情感上的共鸣，继而对自己的生活进行反思。心理健康的课堂教学只有让学生的内心也真正受到感染，通过思维、情感的交流产生内在的体验，才会真正让学生学有所得。德育的主阵地是课堂，现有的上课形式主要是大班授课，在课堂上加入一些游戏类的互动方式来调动学生的兴趣。但是大班授课的方式难以达到培养每个

学生良好心理素质的目的，而且目前很多高校案例分析、游戏体验的方式难以让每个学生参与其中，心理健康教育的实际效果受到了限制。因此，高校可以开设一些小课堂或者通过团体交流的形式，让大家真正参与其中，通过教师的亲身体验来帮助大家学习。例如，借鉴其他国家"工作坊"的形式，促使参与者和成员一起思考、调查、分析、讨论、行动，使其真正地参与到活动中；举办一些"如何看待自己的生命""怎样与人相处""丧亲的应对"等主题的交流活动，引发学生对生命的思考。这些活动形式都可以作为心理健康教育的辅助课堂，通过和不同的人交流思想，真正启发大学生对自己生命意义的思考。此外，还可以在课堂上播放一些关于生命故事的纪录片以及加入一些情景模拟的环节，来引导大学生认识生命的不易，感悟生命的伟大，对生命从心底里产生尊重和敬畏，启发他们对生命意义的思考。

大学生心理健康教育课程应包含丰富多样的活动环节，这些活动环节是课程教学的显著特色，也是其独特而有效的教学手段。而生命化的心理健康教育课程教学的活动环节更是心理健康教育课程教学的一道独特风景线。

设计合理的教育情景。情景是指为了激发学生学习的兴趣和动机而创设的一种具有时空维度的教学活动或形式，这种教学方式的心理场与物理场交替重叠，构成了多视角、多维度的教育方式，综合地对学生产生影响。心理健康教育应创设具有强烈的情感吸引力和感染力的情景，让身处其中的学生不由自主地跟随着这种情感而起伏，使学生的记忆、联想、想象以及思维活动都带上一定的情感色彩，并因情绪的感染而使心灵更具接纳性和包容性。

彰显学生的主体性。主体性即在整个活动中由学生全员参与、全面参与和全程参与，各种活动均由学生自己来完成，教师只是起监控和指导作用。这就充分调动了学生的积极性和能动性，使学生以主体的身份，创造性地完成各种有创意的活动，促进自身的才能发展和素质提高。

突出活动的体验性。体验性是指学生主动、自主地融入心理活动中进行体验和感悟，充分感受蕴藏于这种活动中的欢乐与愉悦，在身临其境中获得各种情感体验和深切感受，思考和领悟其中的道理，学会避免、战胜和转化消极的情感和错误认识，发展、享受和利用积极的情感与正确的认识，促进其良好习惯的养成，提高自己的身心素质。

为了更为有效地使学生以体验的方法思考生命，应引导学生品味过去，立足当下，展望未来，以此来丰富学生生命的内涵，为他们提供前进的动力，使学生自觉用心去享受生活，实现自我的人生理想，收获幸福和快乐。

1. 品味过去

经验是一个人最大的财富，是一个人人生的积累，体现了他在过去的生命中所留下的痕迹。人往往是在步入中年或老年时期才开始回顾过去的，而大学生年轻气盛，风华正茂，更多地关注自己的当下、展望未来，殊不知正是过去的经历塑造了今天的自己。人在选择自己的人生道路前往往要学会认识自己，而要看清自我，就需要人们不断地品味过去，反省自身，认清当前所得与所失，只有这样才能找准方向，创造更好的未来。

品味过去可以从以下三个方面入手：首先，应时常回味自己过去的幸福时光。生命的进程并不是一帆风顺的，在生活中人们难免会遇到各种困难和挫折，会有感到痛苦、悲伤的时候。如果一味地沉浸在这种负面的情绪中，将这种生活的感觉当作生命的全部，将会影响自身正常的生活，可能忽视生命，甚至选择抛弃生命，造成严重的后果。人的生命是由过去、现在和未来所构成的一个过程，大学生在面临困境时应该看到生命的过程性，回味自己过去所感受的幸福、快乐的时光，意识到当前的痛苦只是暂时的，减轻自己的心理压力和人生重负，重拾面对生活的信心和勇气。其次，应积极咀嚼自己人生中的失败。回忆过去快乐的情绪能够给人带来积极的力量，提供生活的动力；而咀嚼自己的失败则能收获丰富的经验和教训，意识到自身的缺点和不足，为享受当下、创造美好的未来而不断磨砺自身，努力奋斗。正确面对自己的失败，反省失败所产生的种种原因是人认识自己的重要环节，大学生应该学会勇敢地接受自己的失败，并从失败中获取经验和教训，有针对性地提升自己，为之后的成功奠定坚实的基础。如果一味地沉浸在痛苦中，逃避结果，将这份宝贵的经历束之高阁，这样只会在以后的人生中不断重蹈覆辙，羁绊自己前进的脚步。最后，应不断品味自身经历，获取新的领悟，以寻求更大的价值和意义。品味自己过去的生命经历，是一个重新接受和认识的过程，它使人能够从一个新的角度来看待自己的亲身体验，从中挖掘出新的意义和价值，从而不断丰富自己的生命。哈佛大学幸福课的主讲师在他的课程上提出了"静谧"和"冥想"等观念，他在每节课中都会拿出几分钟时间让学生自己思考，回味刚刚课程中所提到的内容，让学生重新进行梳理和学习，从而有更大的收获。品味过去也正是这样一个过程，大学生应该时常花费一些时间来实践这个过程，回顾自己的过去，反省和思考过去生命中的各种体验，使自己的人生内涵更加丰富，生命质量得到提升。

2. 立足现在

现在是过去和未来的承接点，是指人们当下的生活。回味过去为人们当下生活的开展提供了动力和指向，而把握现在则是创造美好未来的前提和基础。人们都活在当下，对当下生活的感受是人们最直接的体验。只有立足当下，珍惜今天，活出自我，才能在自己的生命中留下鲜明的色彩，积蓄自身力量，为随时降临的机遇做好准备，进而收获成功。

大学生要立足现在，把握当下，可从以下三个方面入手：第一，应学会认识自我。良好的自我意识能够提高我们感受生活、认识世界的能力，能使我们更好地规划自己的人生之路。大学生正处于自我意识高速发展的时期，应该积极地融入当前的环境，构建自己的人际交往圈，通过与外部世界的沟通和交流，自觉地感受生活，正确地面对生活中的幸福和困境，逐渐构建自己科学的、独特的人生观和价值观，指引自己继续向前迈进。第二，应学会用"心"生活，注重情感体验的培养。对当下生活的感受是生命积累的重要来源。如果一个人没有用心地生活，整天浑浑噩噩地过日子，那么其回忆过去也只获得一片空白，这样的生活是单调而没有意义的。如果一个人懂得用心去感受生活，特别是注重自身的情感体验，关心家人、善待朋友，享受生活中的美好与温馨，也勇敢承受生活中的各种悲伤和痛苦，那么他的生命必将精彩纷呈，随着岁月的沉淀将变得愈加醇厚。第三，应懂得立即行动。古语有云："千里之行，始于足下。"再美好的梦想如果没有行动，也只会流于空想。

人要想获取成功，就要付出自己的努力和汗水。通过自己努力奋斗获得的成功也才会更加有意义和有价值。因此，大学生要想实现自己的人生理想，就得从现在做起，把握当下，珍惜每一个今天，踏踏实实走好每一步路，最终收获成功，实现自己的人生价值。

3. 展望未来

展望未来，是个人心灵深处对未知世界的殷切期盼与美好构想，它不仅为个体的前行之路点亮了明灯，更是激发内在潜能、驱动不懈奋斗的源泉。在浩瀚的时间长河中，每个人的未来虽如星辰般难以捉摸，但正是这份对未知的渴望与追求，促使我们勇于设定人生的航向。

大学生群体作为社会的新鲜血液与未来的中坚力量，正站在青春与梦想的交汇点，心中满载着对知识的渴望与对世界的探索欲。面对人生中重大转折点的选择，他们需以更加成熟与理性的姿态，规划自己的道路，拥抱每一种可能性。

首先，应培养并坚守一种积极向上的人生态度。这种态度源自对生活的深刻感悟与对生命的崇高敬意，它教会我们以乐观的视角审视周遭，即使遭遇风雨，也能笑对人生，将挑战视为成长的契机。大学生应学会从每一次经历中汲取养分，无论是成功的甜美还是失败的苦涩，都是生命中不可或缺的风景，它们共同编织成一幅幅丰富多彩的人生画卷。在这样的心态驱动下，大学生将更加勇敢地迈出步伐，探索未知，追寻心中的梦想。

其次，树立远大而具体的人生理想是引领前行的灯塔。理想不仅是个人对未来的美好憧憬，更是个人价值观与世界观的集中体现。大学生应结合自身兴趣与社会需求，确立既符合个人发展又服务于社会进步的理想目标。这样的理想不仅能激发个人的潜能与创造力，还能在追求过程中实现个人价值与社会价值的和谐统一。

最后，制定并实施科学合理的人生规划是实现理想的必由之路。规划不是空洞的幻想，而是基于现实条件与未来趋势的深思熟虑。大学生应充分利用大学时光，通过广泛的学习与实践，不断提升自我，为未来的挑战做好充分准备。同时，将人生理想细化为具体可行的阶段性目标，逐一攻克，使每一步都坚实有力，向着最终的理想迈进。

综上所述，大学生在展望未来的过程中，应秉持积极的人生态度，树立远大的人生理想，并做出切实可行的人生规划。只有这样，才能在人生的旅途中不断前行，最终抵达心中的彼岸，收获属于自己的美好未来。

（二）不间断的朋辈互助促进学生生命成长

为了更有效地支持大学生群体的成长与发展，引入并深化朋辈互助机制显得尤为重要。心理咨询室的教师不仅需对学校的朋辈互助活动进行持续、深入的指导，使其不仅流于表面形式或短暂存在，更需使其真正成为促进学生间相互支持、共同成长的长期平台。

在选拔朋辈互助员时，应优先考虑那些展现出积极生命态度、具备良好心理素质的学生，如心理委员及心理协会成员等。这些学生不仅自身拥有一定的心理韧性，还易于与同龄人建立共鸣。针对这些选定的互助员，应设计一套全面的培训体系，不仅涵盖心理学基础知识、咨询技巧与伦理规范，还应特别强调生命化教育的融入。通过生命化教育，培养互助员在助人过程中深刻理解并尊重每一个生命的独特性，促进双方乃至多方在互动中实现生命的共同成长与升华。

朋辈互助的形式应灵活多样且持续进行，其中，定期举办小组讨论活动是一种有效的方式。可以设定每周一次的频率，围绕大学生日常生活中的实际问题或成长议题，如人际关系、学业压力、职业规划等，开展主题交流活动。这样的活动不仅能够为大学生提供一个安全、开放的表达空间，让他们在倾听与分享中加深自我认知，还能在集体智慧的碰撞中激发新的思考与灵感。通过长期的参与，每个大学生都能在这一过程中获得对生命意义的深刻领悟，学会以更加积极、成熟的态度面对生活中的挑战与机遇。

（三）生命化教育实践活动帮助学生增长生命智慧

心理治疗作为一把钥匙，能引领求助者重新发现并深刻体验生命的意义所在，激发其内在动力，主动追求并实现这份意义。在心理咨询的广阔舞台上，除了传统的咨询服务外，更应注重将理论与实践相结合，通过组织丰富多彩的实践活动，让大学生在亲身参与中汲取生命的智慧，实现心灵的成长与蜕变。

高校作为知识与精神的摇篮，应充分利用自身资源，为大学生量身定制一系列生命化教育实践项目。例如，针对学生在成长道路上可能遭遇的挫折与挑战，可以精心策划前往边远地区的义工服务活动。这样的经历，不仅能让大学生亲眼目睹并亲身体验到生活的不易与艰辛，更能在心灵深处种下坚韧不拔的种子，使他们在未来面对困境时能够勇往直前，不轻言放弃。同时，这段经历也将促使他们反思过往，意识到时间的宝贵与生命的脆弱，从而更加珍惜在校学习的每一刻，不再虚度光阴，学会合理规划并掌控自己的生活。

此外，利用传统节日，如重阳节，组织大学生参与慰问孤寡老人的活动，同样具有深远的意义。通过与老人的交流互动，大学生能够深切感受到亲情的温暖与力量，进而联想到自己的家人，激发大学生对家庭的责任感与感恩之心。这种情感上的共鸣与升华，将促使他们学会更加珍惜与亲人相处的时光，掌握与亲人和谐相处的智慧，为构建温馨和谐的家庭关系奠定坚实的基础。

这些生命化教育实践活动，不仅为大学生提供了一个展示自我、挑战自我的舞台，更是他们生命成长道路上的宝贵财富。通过亲身参与和体验，大学生们能够深刻领悟生命的真谛与价值，学会爱自己、爱他人、爱社会，从而在今后的生活中以更加积极、乐观的态度面对一切挑战与机遇，实现自我超越与成长。

参考文献

［1］邢利芳，刘月红，张永春．大学生心理健康教育［M］．上海：上海交通大学出版社，2024.

［2］刘琦灵．大学生心理健康教育发展研究［M］．成都：四川大学出版社，2024.

［3］陶馨，王飞，郭俊旭．大学生心理健康教育及改革实践研究［M］．北京：线装书局，2024.

［4］张阔，刘付安，段青青．高校德育与大学生心理健康教育研究［M］．北京：中国建材工业出版社，2024.

［5］郭馥铭，王一鸣，李红星．大学生心理健康及心理健康教育的实施研究［M］．北京：中国纺织出版社有限公司，2024.

［6］李清源，吕捷．现代大学生心理健康教育理论与实践研究［M］．长春：吉林出版集团股份有限公司，2023.

［7］韩庆云．大学生心理健康教育理论与实践研究［M］．延吉：延边大学出版社，2023.

［8］谢春玲．大学生心理健康教育理论与实践研究［M］．北京：现代出版社，2023.

［9］王慧芬．大学生心理健康教育管理与实践［M］．北京：中国商务出版社，2023.

［10］杨洪泽，陈亮，庄郁馨．当代大学生心理健康与训练［M］．沈阳：辽宁人民出版社，2023.

［11］柏璐，昝倩．大学生心理健康教育与职业生涯规划［M］．延

吉：延边大学出版社，2023.

［12］李海波.大学生心理健康教育［M］.北京：北京理工大学出版社，2023.

［13］安海宾，周秋梅，张莉.大学生心理健康教育［M］.上海：上海交通大学出版社，2023.

［14］史祝云，林静，周应龙.大学生心理健康教育［M］.北京：北京理工大学出版社，2023.

［15］吴一玲，章波娜，孔丹华.大学生心理健康教育［M］.杭州：浙江大学出版社，2023.

［16］宫树华.大学生心理健康教育［M］.北京：中国纺织出版社有限公司，2023.

［17］刘晰凝.大学生心理健康教育［M］.西安：西安电子科学技术大学出版社，2023.

［18］姚兴建.大学生心理健康教育［M］.济南：山东科学技术出版社，2023.

［19］陈美林，熊明瑞，赵嘉路.大学生心理健康教育［M］.北京：北京工业大学出版社，2023.

［20］靳凯，李淑娜.大学生心理健康教育［M］.济南：山东人民出版社，2023.

［21］孙晋芳，张晓宁.多维视角下大学生心理健康教育研究［M］.北京：台海出版社，2023.

［22］赵会鹏.互联网背景下大学生心理健康教育研究［M］.北京：九州出版社，2023.

［23］杨晓星.积极心理学视域下大学生心理健康教育［M］.北京：中国纺织出版社有限公司，2023.

［24］何一澜.大学生心理健康教育与人文素养研究［M］.长春：吉林出版集团，2023.

［25］郎艳红，杜龙龙，刘哲.积极心理学视角下大学生心理健康教

育研究［M］.延吉：延边大学出版社，2023.

［26］赖俐诺.新时期高校大学生心理健康教育问题及创新路径研究［M］.长春：吉林出版集团股份有限公司，2022.

［27］赵新.大学生心理健康教育的理论与实践研究［M］.天津：天津社会科学院出版社，2022.

［28］杨惠.大学生心理健康教育理论与实践［M］.武汉：华中科技大学出版社，2022.

［29］张龙，梁超.大学生心理健康研究［M］.昆明：云南大学出版社，2022.

［30］李晓敏，栗晓亮.大学生心理健康调适及其教育管理研究［M］.北京：中国纺织出版社有限公司，2022.

［31］李培培，田帅，乌日娜.大学生心理健康教育与心理咨询研究［M］.长春：吉林人民出版社，2021.

［32］杨健梅，于昊，杨见奎.大学生心理健康教育［M］.北京：九州出版社，2021.

［33］谷庆明.大学生心理健康自助教育［M］.长春：吉林人民出版社，2021.

［34］付漪川.大学生心理危机与健康教育研究［M］.北京：北京工业大学出版社，2021.

［35］张娜，崔玲，刘玉龙.新编大学生心理健康教育［M］.北京：中国民主法制出版社，2021.

［36］徐迎利.生命化教育视阈下大学生心理健康教育实践路径探析［M］.北京：北京工业大学出版社，2019.